성경으로 읽는 명심보감

명심보감을 읽고 쓰며, 성경을 묵상하다

세움북스 는 기독교 가치관으로 교회와 성도를 건강하게 세우는 바른 책을 만들어 갑니다.

성경으로 읽는 명심보감

명심보감을 읽고 쓰며, 성경을 묵상하다

초판 1쇄 인쇄 2025년 2월 15일
초판 1쇄 발행 2025년 2월 20일

지은이 | 조성기
펴낸이 | 강인구

펴낸곳 | 세움북스
등 록 | 제2014-000144호
주 소 | 서울시 종로구 대학로 19 한국기독교회관 1010호
전 화 | 02-3144-3500
이메일 | holy-77@daum.net

디자인 | 참디자인

ISBN 979-11-93996-37-9 (03230)

조성기 지음

성경으로 읽는

명심보감을
읽고 쓰며,
성경을
묵상하다

명심보감

세움북스

이 시대에 가장 필요한 책

인간은 어떻게 살아야 하는지 이 시대에 가장 필요한 책이 나왔다. 조성기 선생은 우리 문학사의 한 축을 그은 소설가이며 동양고전 연구가이자 성서학자이다. 이 책은 그가 아니면 세상에 나올 수 없었다는 생각이 든다. 동양의 '명심보감'과 서양의 '성경'을 자기만의 방식으로 직조한 지혜의 책이다. 특유의 진지함과 유쾌함이 책을 덮을 수 없게 만든다. 세상을 살아가는 모든 인간들에게 선물이 될 것이다. 감사하고 고마운 일이다.

❖ **김미옥** _ 작가, 문예평론가, 《미오기傳》 저자

동서고근의 진리를 겸박한 언어로

동서고근(東西古近)은 동양과 서양의 고전을 균형 있게 읽고, 옛것과 새것을 통전적으로 공부하는 태도를 말한다. 1930년대의 공부 방법 중 하나였지만, 지금도 꼭 필요한 깨달음의 방법이다. 조성기 교수님의 책을 탐독하여, 성경 강해를 들으러 찾아

간 적도 있고, 강의를 들은 적도 있는 나로서 이번 책은 느닷없는 축복처럼 매우 반갑다. 깊은 지혜와 진리를 비틀린 문장이 아니라 시적 절제의 검박한 언어로 쓴 이 책은 조성기 선생님의 평생 공부가 담긴 명저다. 유학 공부가 그랬듯, 유대의 젊은이들이 하브루타 하며 고전을 토론했듯, 이 책은 혼자 읽지 말고 여럿이서 함께 읽고 자신이 얻은 알곡을 나누며 곱씹어서 오래오래 마음의 세포에 두고 익혀 먹어야 할 양식(糧食)이다.

❖ **김응교** _ 시인, 문학평론가, 숙명여대 교수

한마디만으로도 문이 열리는 기쁨

그다지 말을 많이 하지 않는데, 맑고 깊은 마음, 내 안에 네가 네 안에 내가, 하나 될 것과 하나 되게 하는, 아니 진작부터 하나임을 발견케 되는, 참 좋은 벗을 만났다. 말로써 말 많으니 말 말고 싶은 시대, 말 많아도 말다운 말 없어 전후좌우 사방팔방 도통 문이 닫힌 시대에 한마디만으로도 문이 열리는 것을 경험하는 기쁨이라니…. 말씀을 읽고 듣고 전하는 것을 업으로 하는 목사면서도, 성경 안에 배타적으로만 느껴지는 표현들이 적지 않아 답답할 때도 많았는데, 이 문을 열고 들어가니 그분은 통하는 문이기도 하구나. 東과 西가 만나고 古와 今이 만나는 것을 깨닫게 되니, 통하면 통하게 되는 걸까. 혼자만 누리기에는 아까워 소원을 담아 강력히 추천한다.

❖ **김승환** _ 목사, 前 원주 세브란스 기독병원 원목

신앙 교육에 유익한 도구

우리는 진리와 비진리를 구분할 수 있어야 하지만, 성경이 아닌 다른 것을 결코 터부시해서는 안 된다. 비진리에 속한 것 중에도 진리를 이해하는 데 도움을 주는 것들이 있기 때문이다. 이런 것들을 '일반 은총'이라고 한다. 그래서 우리는 진리의 말씀을 연구하는 동시에, 상식과 교양을 쌓기 위해서도 노력해야 한다. 조성기 선생님의 글을 통해, 명심보감이 진리를 이해하는 데 도움을 주는 좋은 도구임을 알게 되었다. 특히 말씀을 살아내고 실천하는 부분에서, 《명심보감》의 실제적인 교훈들이 크게 와 닿았다. 여러 교훈 가운데 '견선여갈(見善如渴)'이 가장 기억에 남는다. "목마른 사람이 물을 찾듯이 선을 열망하라"라는 가르침인데 이것은 "의에 주리고 목마른 자는 복이 있다"라는 예수님의 말씀을 이해하는 데 큰 도움을 주었다. 예전에 아이들의 신앙 교육을 위해 논어를 함께 읽은 적이 있다. 《성경으로 읽는 명심보감》도 아이들의 신앙 교육에 유익한 도구가 될 것이라고 확신한다.

❖ **김태희** _ 부산 비전교회 담임목사, 《성경을 따라가는 52주 가정예배》 저자

목차

3장 마음가짐에 관하여

4장 성품에 관하여

5장 배움에 관하여

6장 자녀 교육에 관하여

7장 마음 살핌에 관하여

8장 인생의 가치에 관하여

9장 인생의 지혜에 관하여

10장 말에 관하여

11장 친구 사귐에 관하여

12장 다스림에 관하여

서문

《명심보감》은 '마음을 밝히는 보배로운 거울'이라는 뜻으로, 중국 원나라 말기 1393년 무렵에 범립본(范立本)이 중국 고전들에서 빼어난 선현들의 말씀을 골라 편집한 책이다. 고려와 일본 네덜란드 등지로 책이 소개되면서 여러 이본(異本)이 생겨났다. 고려 충렬왕 때 예문관을 지낸 추적(秋適)이 《명심보감》 편저자라는 설이 있기도 했다.

이율곡 선생은 《명심보감》이 편집된 목적에 대해서 이렇게 말했다. "후학들이 이익만을 좇고 의로움을 잊을 것을 근심하여 옛 어른들이 지은 것이다." '순리망의(徇利忘義)', 즉 이익만을 좇고 의로움을 잊어버리는 추세는 날이 갈수록 더욱 심해지고 있다. 이런 시대에 《명심보감》은 우리 마음을 맑게 씻어 주고 우리의 모습을 비추어 보게 하는 귀한 거울 역할을 한다.

필자는 《명심보감》의 많은 말씀 중에서 보다 인상적이고 감동적이며 현재에도 적용이 가능한 말씀들을 골라 원문을 풀이

하면서 사유의 문을 열도록 배려했다. 《명심보감》은 도저한 지혜의 샘으로 자연히 지혜의 말씀으로 가득한 성경과 연결된다. 성경이야말로 '명심보감 중의 명심보감'이다.

《명심보감》은 특히 지혜서에 해당하는 '잠언'과 이어진다. '잠언'이 주로 예리하고 직설적인 촌철살인의 권면으로 이루어져 있다면, 《명심보감》은 보다 웅숭깊은 면이 있다. 이 책을 통해 《명심보감》과 성경 말씀을 함께 묵상하는 가운데 지혜의 샘물을 한껏 길을 수 있기를 기대한다.

《명심보감》의 유익한 실례들은 글과 설교의 예화들을 풍부하게 제공해 준다. 그리고 한자 지식이 부족한 세대에게 한자 공부를 하는 데 크게 도움이 될 터이다. 새로운 기획에 과감히 도전한 세움북스에 감사를 드린다.

2025. 2. 1
관악산 자락에서
조성기

1장

선행에 관하여

너무나 당연한 이치를 잊다니

報之以福 보지이복

報(갚을 보) / 之(갈 지) / 以(써 이) / 福(복 복)

《명심보감》을 따라 써보세요 報 之 以 福

《명심보감(明心寶鑑)》은 잘 아는 바와 같이 고려 충렬왕 때 추적(秋適)이라는 선비가 저술한 책으로서, 원래는 19편이었으나 이후에 다른 사람에 의해 보충되어 24편이 되었다. 인간의 도리를 밝히는 명언들로 가득 찬 이 책은 오랜 세월 우리 한국 사람들의 내면과 사회의 등불 노릇을 해 왔다고 해도 과언이 아니다. 사람들의 마음이 혼탁해지고 온 사회에 부패가 만연한 것도 바로 각 사람의 마음에 '명심보감'이 없기 때문이다.

《명심보감》의 첫머리는 "선한 일을 하는 자에게는 하늘이 복으로써 이를 보답하고(報之以福), 악한 일을 하는 자에게는 하늘이 재앙으로써 이에 보답한다(報之以禍)"라는 하늘의 섭리를 선포하고 있다.

공자가 한 이 말은 너무나 당연한 이치를 밝히고 있는 셈이지만, 사람들은 이 당연한 이치를 무시하고 살아가는 경우가 많다. 말하자면 하늘을 겁내지 않고 하늘이 없는 것처럼 자기 욕심대로만 살아간다는 말이다. 그러나 하늘은 엄연히 존재하고, 인간의 행위를 따라 '보지이복' 하기도 하고 '보지이화' 하기도 한다.

선한 일을 하면 하늘이 보답해 준다는 믿음이 있기에, 우리는 선한 일을 위해 노력할 수도 있고 과감히 희생할 수도 있는 법이다. 히브리서 11장 6절에서도 "하나님께 나아가는 자는 반드시 그가 계신 것과 또한 그가 자기를 찾는 자들에게 상 주시는 이심을 믿어야 할지니라"라고 말했다.

아무리 작은 악이라도

惡小而爲 악소이위

惡(악할 악) / 小(작을 소) / 而(말 이을 이) / 爲(할 위)

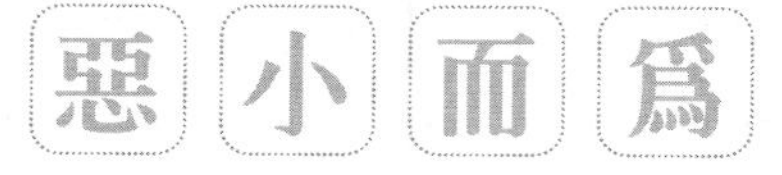

위의 문구를 해석하면, 작은 악이라 하여 생각 없이 행한다는 뜻이다. 큰 악은, 행하면 눈에 금방 띄고 법에 따라 처벌받기도 하기에 잘 행하지 않는다. 하지만 작은 악은, 행하면 남의 눈에 잘 띄지 않아 '이것쯤은 해도 되겠지!' 하고 행하기 쉬운 법이다.

이렇게 작은 악을 행하다 보면 차츰 담대해져 큰 악도 범하게 된다. 이와 대조되는 구절로 '선소이불위(善小而不爲)'라는 말이 있다. 그것은 작은 선이라 하여 행하지 않는다는 뜻이다. 즉, 큰 선은 다른 사람들의 눈에 금방 드러나 칭찬을 받을 수 있으나, 작은 선은 잘 드러나지 않기 때문에 즐겨 행하지 않는다는 것이다.

그런데 촉한(蜀漢)의 소열황제(昭烈皇帝), 즉 유비(劉備)가 죽을 때 자기 아들 선(禪)에게 당부하기를, "선이 작다 하여 행하지 아니하지 말며, 악이 작다 하여 행하려고 하지 말라"라고 했다. 오히려 작은 선을 행하려고 힘쓰며 작은 악을 물리치려고 애쓰라는 말이다.

원래 악(惡)이라는 한자는 버금 아(亞)와 마음 심(心)이 합해진 글자로, 덜 좋은 것에 마음을 두고 있는 상태를 가리킨다. 그래서 악은 처음부터 크게 잘못된 짓을 저지름으로써가 아니라 덜 좋은 것에 마음을 두는 데서 출발한다고 볼 수 있다.

누가복음 16장 10절에서도 "지극히 작은 것에 충성된 자는 큰 것에도 충성되고, 지극히 작은 것에 불의한 자는 큰 것에도 불의하니라"라고 말했다.

하루에 착한 일 한 가지씩

一日念一善 일일념일선

一(한 일) / 日(날 일) / 念(생각할 념) / 一(한 일) / 善(착할 선)

하루에 한 가지씩 착한 일을 생각한다는 것은 쉬운 것 같으면서도 어려운 일이다. 그렇게 생각한 착한 일 한 가지를 실천에 옮겨 그대로 행한다는 것은 더욱 어려운 일이다. 사람들이 하루에 한 가지씩만 착한 일을 생각하고 행한다면 이 사회는 한결 밝아질 것이다.

오늘 행할 착한 일 한 가지는 무엇일까? 그것이 비록 작고 하찮게 보일지라도 상관없다. 촉한의 유비는 '선소이불위(善小而不爲)', 선이 작다 하여 행하지 아니하지 말라고 하지 않았던가.

그동안 미루어 오던 편지 답장을 친구에게 한 장 쓰는 것도 오늘 행할 착한 일 한 가지가 될 수 있고, 잘 찾아뵙지 못했던 어른에게 안부 전화 한 통 올리는 것도 착한 일 한 가지가 될 수 있고, 세계의 어려운 아이들을 위해 약간의 후원금을 보내는 것도 착한 일 한 가지가 될 수 있다. 심지어 평소에 미워하던 사람에게 껌 하나 건네주는 것도 착한 일 한 가지가 될 수 있다. 오늘 행할 착한 일 한 가지를 찾아 그것을 날마다 실천해 간다면 몇 년 세월이 흐른 후에는 어느새 그 착한 일들이 쌓여 그 얼굴을 빛나게 하며 생활을 윤택하게 할 것이다.

장자(莊子)는 '일일불염선(一日不念善)', 하루라도 선을 생각하지 않으면 '제악개자기(諸惡皆自起)', 온갖 악이 저절로 일어난다고 했다. 악이 마음을 점령하기 전에 착한 일 한 가지를 생각하고 행하는 결단과 지혜가 있다면 하루하루 보람이 있을 것이다.

여호와 하나님께서 죄를 지을 생각을 하고 있는 가인에게 권면한 창세기 4장 7절 말씀도 동일한 내용을 담고 있다. "네가 선을 행하면 어찌 낯을 들지 못하겠느냐. 선을 행하지 아니하면 죄가 문에 엎드려 있느니라. 죄가 너를 원하나 너는 죄를 다스릴지니라."

진정 목말라해야 하는 것

見善如渴 견선여갈

見(볼 견) / 善(착할 선) / 如(같을 여) / 渴(목마를 갈)

見 善 如 渴

선을 보기를 목마른 것같이 하라. 다시 말해, 목마른 사람이 물을 찾듯 선에 대한 갈증과 열망을 가지고 선을 구하고 행하라는 뜻이다. 산상수훈의 한 구절인 마태복음 5장 6절에서도 "의에 주리고 목마른 자는 복이 있나니 저희가 배부를 것임이요"라고 했다.

사람들은 육체의 정욕과 안목의 정욕(소유욕)과 이생의 자랑(명예욕)을 추구하는 데는 그야말로 목마른 사람이 물을 구하듯이 하지만, 정작 선을 추구하는 데는 마치 배부른 자와 같이 한다. 그러나 이러한 삶의 태도는 그 반대로 바뀌어져야 한다. 정욕과 소유욕과 명예욕에 대해서는 배부른 자와 같이 느긋하게 행동하고, 선을 구하는 데는 목말라서 허덕이는 것과 같이 해야 한다.

이와 같이 '견선여갈(見善如渴)' 하라고 권면한 사람은 바로 강태공으로 알려진 여상(呂尙)이다. 강태공이 낚싯대를 드리우고 묵묵히 기다리는 모습은 세상 욕심에 대해서는 배부른 자와 같은 태도를 보여 주는 것이다. 그가 무왕을 도와 폭군 주(紂)를 멸하는 선을 행할 때는 마치 목마른 자와 같이 과감히 행동했다. 그는 '선사수탐(善事須貪)', 선한 일은 모름지기 탐을 내야 한다는 말도 했다. 그리고 '문악여농(聞惡如聾)', 악한 일에 관한 소문에 대해서는 귀머거리처럼 하라고 했다. 우리의 귀가 선한 일보다는 악한 일 쪽으로 더 열려 있는 것을 경계하는 교훈이다.

이제껏 죄는 충분히 지었으니

惡自有餘 악자유여

惡(악할 악) / 自(스스로 자) / 有(있을 유) / 餘(남을 여)

후한(後漢)의 장군 중에 마원(馬援)이라는 사람이 있었다. 그는 티베트족을 정벌하고, 남방에서 일어난 반란을 평정하고, 흉노를 토벌하는 등의 많은 무공을 세웠다. 그러나 이러한 그의 무공보다 그가 남긴 말 한마디가 사람들에게 더 영향을 주고 있다. '종신행선선예부족, 일일행악악자유역(終身行善善猶不足, 一日行惡惡自有餘)', 일생 선을 행하여도 오히려 늘 부족한 듯이 여겨지고, 단 하루 악을 행할지라도 악이 스스로 넘쳐 나는 것처럼 여겨진다고 했다.

얼마나 양심을 찌르는 말인가! 누구나 "나는 충분히 선을 행했다"라고 말할 수 없고, "내가 행한 악이 모자란다"라고 말할 수 없다. 악은 단 한 번 행해도 그것으로 충분하다 못해 넘쳐 나며 일생 지울 수 없는 흔적을 남기는 법이다.

해리슨 포드 주연의 〈위트니스〉라는 영화를 보면 마지막 장면에서 주인공이 총을 쏘려는 악인들을 향해 "이너프(enough), 이너프!" 하며 외치는 모습을 보게 된다. 이제 충분히 악을 행했으니 그만두라는 절규인 셈이다.

베드로전서 4장 3절에도 '악자유여(惡自有餘)'와 같은 내용을 담고 있다. "너희가 음란과 정욕과 술 취함과 방탕과 향락과 무법한 우상숭배를 하여 이방인의 뜻을 좇아 행한 것은 지나간 때로 족하도다"

개인의 죄악뿐 아니라 우리 사회의 부정부패도 지나간 때로 족하다 할 수 있다. 코와 입에서 넘쳐 날 정도로 지겹도록 충분히 죄악을 저질러 왔으니 이제 선을 행할 때라는 말이다.

이름이 나면 날수록

保身者避名 보신자피명

保(지킬 보) / 身(몸 신) / 者(놈 자) / 避(피할 피) / 名(이름 명)

保 身 者 避 名

앞에서 호신지부(護身之符), 즉 몸을 보호하는 진정한 부적은 '근신'이라고 하는 강태공의 교훈을 배웠다. 그런데 송나라 도덕서인 《경행록》을 보면, '보신자피명(保身者避名)'이라 하여 몸을 보전하려는 자는 이름을 피한다고 했다. 그러면, '이름을 피한다'라는 말은 무슨 뜻인가?

첫째, 이름을 세상에 내려고 억지로 애를 쓰지 않는다는 말이다. 사람들이 세상에 이름을 나타내려는 욕심 때문에 때에 맞지 않게 무리한 일들을 감행하다가 몸을 상하게 하고 패가망신하는 경우가 많다.

요한복음 7장 4절 이하를 보면, 예수의 형제들이 유대인 명절인 초막절 무렵 예수에게 와서 이름을 떨치기를 요구했다. "스스로 나타나기를 구하면서 묻혀서 일하는 사람이 없나니 이 일을 행하려 하거든 자신을 세상에 나타내소서." 그러자 예수께서 대답하셨다. "내 때는 아직 이르지 아니하였거니와 너희 때는 늘 준비되어 있느니라." 이 말은 '너희는 때를 가리지 않고 행하지만 나는 때에 맞게 행한다'라는 의미이다. '주역'도 사람이 어떻게 때에 맞게 사느냐에 대한 지침이라 할 수 있다.

둘째, 세상에 이미 이름이 난 사람이라 하더라도 지나치게 높아지는 것을 경계하라는 말이다. 한 번 세상에 이름이 나고 거기에 재미를 본 사람들은 자기 이름이 세상에서 잊힐까 싶어 노심초사하며 더욱 이름이 알려지도록 수단과 방법을 가리지 않는다. 그러나 이름이 자주 알려지면 사람들은 식상하게 되거나 시기와 비판의 대상이 되어 공격을 당하기 마련이다.

그런데 '무욕이 무명난(無慾易 無名難)'이라 하여, 다른 욕심을 버리기는 쉬우나 이름에 집착하지 않는 삶을 살기는 참으로 어려운 일이라고 했다. 인간에게 있어 마지막까지 남는 욕심은 명예욕이라고 하지 않는가.

이름을 내지 않는 것이 보신하는 길임을 더욱 절감하게 되는 시대이다.

2장
•
바른 생활에 관하여

인생의 시기별로 경계해야 할 것들

君子有三戒 군자유삼계

君(어진이 군) / 子(놈 자) / 有(있을 유) / 三(석 삼) / 戒(경계할 계)

君 子 有 三 戒

군자는 세 가지 경계할 것이 있다. 이 말은 《논어(論語)》에서도 유명한 구절이다. 청소년일 때는 여색을 경계해야 하고, 장년일 때는 쟁투를 경계해야 하고, 노년일 때는 탐욕을 경계해야 한다. 이렇게 경계의 대상이 달라지는 것은 시기마다 혈기의 상태가 다르기 때문이다.

청소년일 때는 혈기미정(血氣未定), 혈기가 안정되지 못하여 어떤 자극을 따라 정신없이 쏠리기 쉽다. 특히 정욕적인 데로 치우칠 위험성이 항상 있다. 청소년 때부터 정욕에 눈을 뜨고 거기에 기운을 쏟다 보면 정신과 육체가 황폐해져 건강하게 성장할 수 없고 정말 기운을 써야 할 시기에 시들고 만다.

장년 때는 혈기방강(血氣方剛), 혈기가 바야흐로 강성해져서 자기 주관이 뚜렷해짐으로써 남에게 결코 지지 않으려고 한다. 그래서 이념을 가지고 싸우고 이해득실을 따지며 싸우게 된다. 정당하게 싸우는 것은 좋으나 쟁투에 빠져 싸우는 목적마저 잃어버리고 오직 상대방을 허물어뜨리려는 일념에만 사로잡히게 되는 것은 경계해야 한다.

노년 때는 혈기기쇠(血氣既衰), 혈기가 이미 쇠하여 청소년 시절의 정욕도 장년 시절의 쟁투도 더 이상 경계의 대상이 될 필요가 없다. 그런데 그런 것들이 사라진 자리에 이름과 물질에 대한 탐욕이 드세게 자리 잡기 쉽다. 노년에는 아랫사람들을 돌아보고 베푸는 삶을 사는 것이 아름답다.

요한일서 2장 16절에 "세상에 있는 모든 것이 육신의 정욕과 안목의 정욕과 이생의 자랑이니"라고 했다. 여기서도 인생을 살면서 경계해야 할 세 가지 욕망을 언급하고 있는데, 《논어》에서 경계하라고 한 욕망들과 일맥상통한다.

육신의 정욕은 '혈기미정'인 청년기에 특히 경계해야 할 욕망에 해당한다. 안목의 정욕은 소유욕으로 '혈기방정'한 장년기에 경계해야 할 욕망이다. 서로 많이 소유하려고 쟁투가 일어난다. 이생의 자랑은 명예욕으로 특히 '혈기기쇠'한 노년기에 경계해야 할 욕망이다.

가장 건강을 해치는 일

第一戒晨嗔 제일계신진

第(차례 제) / 一(처음 일) / 戒(경계할 계) / 晨(새벽 신) / 嗔(성낼 진)

第 一 戒 晨 嗔

도교는 마음과 몸을 잘 다스려 오래 사는 양생법에 대해 관심이 많았다. 양생에 관한 교훈들을 '양생명(養生銘)'이라고 하는데, 손 씨 성을 가진 진인(眞人)이 말하기를, 새벽에 성내는 것이 가장 건강에 해롭다고 했다. 새벽은 하루가 시작되는 시간이므로 이때 성을 내어 버리면 하루 종일 심란한 마음으로 지내게 되어 건강에 아주 좋지 않다.

성을 심하게 내면 기(氣)를 상하게 한다. 양생학에서 기(氣)를 갈무리하는 곳을 상단전(上丹田)이라고 하는데, 곧 머리 부분을 말한다. 그래서 기가 상하면 머리가 복잡해지고 생각이 많아진다. 생각이 많아지면 신(神)이 크게 상하게 된다. 신을 갈무리하는 곳은 중단전(中丹田)이라고 하는데, 곧 심장 부분을 말한다. 신이 상하면 심장이 크게 부담을 느끼고 온몸은 피로하게 된다. 피로가 쌓이면 병으로 발전하는 것은 당연한 이치이다.

《뇌내혁명》의 저자 하루야마 시게오나, 《생명의 신비 호르몬》의 저자 데무라 히로시도 우리가 분노할 때 아드레날린과 노르아드레날린의 과잉 작용으로 몸속에 뱀독 다음으로 강력한 독이 퍼진다고 공통적으로 말하고 있다. 새벽에 성을 내면 그 독이 더욱 급속도로 퍼질 것이 틀림없다. 어디 새벽뿐이겠는가. 하루 중 어느 때 성을 내어도 건강을 해치게 됨은 물론이다.

에베소서 4장 26절에서도 "분을 내어도 죄를 짓지 말며 해가 지도록 분을 품지 말라"라고 했다. 이 말은 새벽까지 분을 품고 가지 말라는 뜻이기도 하다. 또한 너무 슬퍼하거나 너무 기뻐해도 몸에 해롭다고 했다. 그러고 보면 분노, 슬픔, 기쁨과 같은 감정 표현들은 적절하게 절제하는 것이 건강에 이롭다는 것을 알 수 있다.

담백한 음식에 담백한 정신

食淡精神爽 식담정신상

食(먹을 식) / 淡(담박할 담) / 精(근본 정) / 神(정신 신) / 爽(시원할 상)

양생학에서 기(氣)는 상단전, 신(神)은 중단전에서 갈무리한다고 앞에서 말한 바 있다. 그런데 정(精)은 하단전에서 갈무리한다. 흔히 '단전'이라고 할 때는 하단전을 가리킨다. 정액, 정신, 정기 등에서 사용되는 '정'은 원래 생명의 근원이라는 뜻이다.

그런데 정과 신, 즉 정신은 음식을 어떻게 먹느냐에 따라 크게 좌우된다고 송나라 도덕서 《경행록》에서 일깨우고 있다. '식담정신상(食淡精神爽)', 즉 음식을 담백하게 먹으면 정신도 상쾌해진다는 말이다.

음식을 담백하게 먹는 문제에 관하여 요즘 양생학자들이 많은 관심을 가지고서 연구하고 있다. 《공해시대건강법》을 쓴 안현필 씨는 현미와 콩, 깨를 주식으로 하여 일체 육식은 피하고 생종자와 생야채를 주로 먹으라고 권장했다. 그리고 하루 두 끼 식사법을 강조했다. 다른 양생학자들은 또 조금씩 다르게 이야기하고 있지만, 공통점은 담백한 음식, 바로 그것이다.

미국 학자들도 자신들의 가공식품들을 '쓰레기 음식'이라고 규정한 바 있다. 왜 이런 유해한 가공식품들이 판을 치는가? 부패하기 쉬운 음식들을 이 사회 구석구석에 재빨리 유통시켜 장사를 하려고 하니 그럴 수밖에 없는 것이다.

결국 유통이 문제다. 유통 문제가 획기적으로 해결되면, 사람들은 담백하고 살아 있는 음식들을 많이 먹게 될 것이고 좀 더 상쾌한 정신들을 소유하게 될 것이다. 하지만 아직은 유통제도에 큰 변화를 기대하기는 어려운 현실이다. 편의점과 대형마트에 널려 있는 가공식품, 소위 '쓰레기 음식'들을 될 수 있는 한 피하고 다소 번거롭더라도 자연 친화적인 담백한 음식들을 찾도록 해야 한다. 그리고 무엇보다, 맛있는 음식만을 탐하는 것을 경계해야 한다.

잠언 23장 2절과 3절에서도 이 점을 강조하고 있다. "네가 만일 음식을 탐하는 자이거든 네 목에 칼을 둘 것이니라 그의 맛있는 음식을 탐하지 말라 그것은 속이는 음식이니라"

편안한 잠의 축복

心淸夢寐安 심청몽매안

心(마음 심)/ 淸(맑을 청) / 夢(꿈 몽) / 寐(잠잘 매) / 安(편안할 안)

우리 인간은 대개 하루 3분의 1은 잠을 자기 마련이다. 그러니까 어느 사람이 75세를 산다고 하면 25년은 잠을 자느라고 소비하게 되는 셈이어서 정작 깨어서 산 기간은 50년밖에 되지 않는다. 그런데 25년의 잠이 없이는 50년의 생활도 있을 수 없는 법이다.

기본적으로 잠잘 때는 몸을 옆으로 하고 무릎을 구부리고 자면 심장의 기운을 보전하게 되어 좋다고 한다. 그런데 사지를 죽 뻗고 반듯하게 누워 자는 것은 시체 잠이라 하여 사기(邪氣)를 불러들인다고 했다.

공자도 침불시(寢不尸), 즉 시체처럼 잠을 자지 말라고 경계했다. 과학적으로도 심장에 압박을 주는 자세임이 판명되었다. 입을 벌리고 자서도 안 되고, 하룻밤에 다섯 번은 돌아눕는 것이 좋다고 하는 등 잠자는 자세에 대한 지침들이 많다.

그러나 아무리 좋은 자세를 취해도 마음이 번잡하면 결코 편안한 잠을 이룰 수 없다. 《경행록》에서는 '심청몽매안(心淸夢寐安)'이라 하여 그 점에 관하여 분명히 말하고 있다. 마음이 맑아야 잠을 편하게 잘 수 있다.

시편 127편 2절을 보면 "여호와께서 그 사랑하시는 자에게는 잠을 주시는도다"라고 했다. 여호와의 사랑을 느끼는 자는 편안한 잠을 잘 수 있다는 말이다. 이 말 앞에는 "너희가 일찍이 일어나고 늦게 누우며 수고의 떡을 먹음이 헛되도다"라는 문구가 있다. 편안한 잠이 없는 한 인생의 모든 수고가 헛되다는 뜻이기도 하다.

문제 해결의 비법

定心應物 정심응물

定(정할 정) / 心(마음 심) / 應(당할 응) / 物(만물 물)

안정된 마음으로 사물들을 응한다. 그런데 사물들을 응한다는 말이 무슨 뜻인가? 사실 '응(應)' 자는 한마디로 해석하기 어려운 한자이다. 여기서는 '당할 응'이라고 했지만, 그것만으로는 그 뜻을 다 표현할 수가 없다.

아무튼 안정된 마음으로 사물들, 혹은 사건들을 대하면 그 의미와 본질을 좀 더 잘 파악할 수 있게 되고 전개 과정을 통찰하며 미래의 전망까지 내다볼 수 있게 된다.

어떤 사람이나 사물, 사건들을 대할 때 무엇보다 중요한 것은 안정된 마음이다. 그렇지 않고 외부 상황이 주는 불안감에 흔들리는 마음으로 사물들을 대하면, 제대로 보이지 않을뿐더러 엉뚱한 것에 속기 쉽다. 아무리 감당하기 힘든 시련이 닥치고 무서운 일이 벌어졌다 하더라도 안정된 마음을 가지도록 온 힘을 다해 노력해야 한다.

무조건 문제 자체만 해결하려고 조급해하지 말고, 우선 자신의 마음이 안정된 마음인가 불안과 초조로 불안정한 마음인가를 살펴봐야 한다. 불안정한 마음으로 문제를 해결하기 위해 이리저리 뛰어다녀 보았자 그 결과가 신통할 리가 없다. 금식을 해서라도 안정된 마음이 생길 때까지 기다렸다가 문제를 대면하고 해결해 나가는 것이 지혜롭다.

빌립보서 4장 6절과 7절에 다음과 같은 구절이 있다. "아무것도 염려하지 말고 다만 모든 일에 기도와 간구로 너희 구할 것을 감사함으로 하나님께 아뢰라 그리하면 모든 지각에 뛰어난 하나님의 평강이 그리스도 예수 안에서 너희 마음과 생각을 지키시리라"

"모든 지각에 뛰어난 평강"이 곧 '정심(定心)'인 셈이다. 이렇게 '정심응물(定心應物)' 하는 자는 비록 글을 읽지 않는다 하더라도 능히 덕이 있는 군자가 될 수 있다.

여성을 어떻게 대할 것인가

避色如避讐 피색여피수

避(피할 피) / 色(여색 색) / 如(같을 여) / 避(피할 피) / 讐(원수 수)

避 色 如 避 讐

송나라 때 홍매(洪邁)라는 사람이 엮은 《이견지(夷堅志)》라는 설화집이 있다. 송나라 초기부터 홍매가 살아 있을 당시까지 민간에 유포되던 이상한 일들에 관한 이야기와 소문들을 모아놓은 책이다. 그런데 이런 괴담(怪談)들만 모아 놓은 것이 아니라 그런 이야기들을 통해 얻을 수 있는 교훈들도 함께 실려 있다.

거기서 건강 또는 양생에 관한 교훈들 중에 크게 강조되는 말로 '피색여피수(避色如避讐)'가 있다. 이는 여색 피하기를 원수 피하는 것같이 하라는 말이다.

요즘 페미니즘에 관한 논란이 많은데 이런 구절은 남성 위주의 교훈으로 매도당하기 쉽다. 그러나 여자 피하기를 원수 피하는 것같이 하라는 말이 아니라 여자를 음란한 정욕의 대상으로 보지 말라는 뜻으로 이해하면 페미니즘의 입장에서도 수긍할 만한 교훈이라 하지 않을 수 없다.

옛날 유대에서 바리새파 교인들은 여색을 피한답시고 아예 여자를 보지 않으려고 했다. 길을 가면서도 여자를 보지 않으려고 고개를 들고 다니다가 담벼락 같은 데 이마를 찧는 일이 다반사였다.

그러나 여자를 보지 않는다고 해서 정욕의 문제가 해결되는 것은 아니다. 남자가 어떤 인생관과 가치관을 가지고서 여성을 대하느냐 하는 것이 관건이다. 디모데전서 5장 2절에서도 "젊은 여자에게는 온전히 깨끗함으로 자매에게 하듯 하라"라고 권면했다.

바람은 될 수 있는 한 피하도록

避風如避箭 피풍여피전

避(피할 피) / 風(바람 풍) / 如(같을 여) / 避(피할 피) / 箭(화살 전)

앞에서 여색(女色)과 관련하여 《이견지》의 교훈을 살펴보았다. 몇 가지 더 양생법에 관한 구절들을 소개하고자 한다.

역시 《이견지》에 나오는 구절인데 '피색여피수(避色如避讐)' 다음으로 '피풍여피전(避風如避箭)'이 있다. 바람 피하기를 화살 피하는 것같이 하라는 말이다. 바람이 건강에 좋지 않다는 것은 예부터 확인해 오던 바이다. 바람은 감기의 원인이 되고, 감기는 만병의 원인이 된다. 바람을 쐬면 왜 감기에 잘 걸리는가? 그것은 체온 조절과 관련하여 몸의 균형이 깨어지기 때문이다.

요즘은 감기의 원인이 저혈당증이라는 사실이 밝혀져 거기에 대한 연구가 진행되고 있다. 저혈당증은 식원병(食源病), 음식을 잘못 먹는 데서 비롯되는 병이다. 현대 사회에서는 사람들이 대부분 저혈당증에 걸려 있는데, 그런데도 바람을 피하기는커녕 오히려 인위적으로 바람을 만들어 내고 있다. 선풍기 바람이 그렇고 에어컨 바람이 그렇다. 이런 바람들을 쐬니 점점 더 몸은 약해지기 마련이다. 건강에 좋지 않은 음식들을 피하고 냉수마찰로 피부를 단련시키면, 체온 조절의 균형을 유지할 수 있어 인위적인 바람을 쐬지 않아도 되고 감기에 대한 저항력을 기를 수 있다.

그리고 '막심공심다(莫喫空心茶)'라 하여 공복에 차를 마시지 말며, '소식중야반(少食中夜飯)'이라 하여 한밤에 밥을 많이 먹지 말라고 했다. 열왕기상 17장 21절을 보면, 엘리야가 체온이 식어 버린 "아이 위에 몸을 세 번 펴서" 엎드려 기도하는 가운데 아이의 체온을 되살리는 기적이 일어난다.

그냥 버려두면 될 것을

棄而勿治 기이물치

棄(버릴 기) / 而(말이을 이) / 勿(말 물) / 治(다스릴 치)

버려두고 다스리지 말라. 무엇을 버려두고 다스리지 말라는 말인가? '무용지변(無用之辯)'과 '불급지찰(不急之察)'을 그렇게 하라고 했다. '무용지변'은 쓸데없는 말을 가리킨다. 거기에 관심을 둘 필요가 없고 대꾸할 필요가 없는 말이다. 그런 말들에 신경을 쓰고 싸우다 보면, 서로 감정만 상하고 오히려 불리해지는 수도 있다.

많은 연예인이 기자들이 만들어 내는 거짓 스캔들에 고통을 당하고 있다. 그런데 그런 거짓 스캔들에 대해 변명하고 기자를 명예훼손죄로 고소하고 하다 보면 그 스캔들은 더욱 증폭되어 감당할 수 없는 지경에 이르기도 한다.

비단 연예인뿐이겠는가. 정치인들도 여러 가지 모함하는 말들에 시달릴 수 있고, 일반인들도 자신에 대한 얼토당토않은 소문에 기가 막힐 때가 있다. 이때 핏대를 세우며 대들기보다 버려두고 다스리지 않는 '기이물치(棄而勿治)'의 지혜를 활용할 필요가 있다. 그러면 그것들은 저절로 사그라져 버리기 십상이다.

그다음 '불급지찰'은 급하지 않은 일을 가리킨다. 급하지 않은 일을 가지고 괜히 조급하게 굴 필요는 없다. 그런데 급하지 않은 일인데도 아주 급한 것처럼 온갖 방정을 피우는 사람들이 있다. 이런 사람들은 자기 자신의 건강과 인격에 해를 끼치고 주위 사람들을 못 살게 한다. 급하지 않은 일은 버려두고 다스리지 않는 여유를 가져야 한다.

잠언 15장 18절에서도 "분을 쉽게 내는 자는 다툼을 일으켜도 노하기를 더디 하는 자는 시비를 그치게 하느니라"라고 말했다.

뭇사람이 좋아하더라도

衆好之必察 중호지필찰

衆(무리 중) / 好(좋아할 호) / 之(이것 지) / 必(반드시 필) / 察(살필 찰)

衆 好 之 必 察

사람들은 군중 심리에 휩쓸리기 쉬운 경향이 있다. 특히 매스컴이 발달한 현대 사회에서는 대중 조작을 통해 뭇사람들의 취향을 순식간에 바꾸어 놓을 수도 있다. 거대한 집단 최면의 효과라고 해도 과언이 아니다.

어떤 출판사는 자기들이 만든 책을 일단 베스트셀러로 올려놓기 위해 수단과 방법을 가리지 않는다. 서점과 신문들은 조작된 베스트셀러 목록을 무슨 중요한 정보라도 되는 양 독자들에게 소개하기에 바쁘다. 문제는 서점과 신문들도 베스트셀러가 교묘하게 조작되는 경우가 많다는 사실을 잘 알고 있다는 점이다. 그렇다면, 왜 서점과 신문들이 그런 일에 공범자들이 되는

가? 그것은 책을 팔기 위한 대중 조작이 필요하기 때문이다.

그러나 공자는 말하기를, '중호지필찰(衆好之必察)', 뭇사람들이 좋아하더라도 반드시 살펴보아야 한다고 했다. 아무리 다른 사람이나 매스컴들이 명작이라고 떠들고 베스트셀러라고 떠들어도 자신이 반드시 살펴본 후에 판단을 내려야 한다.

이것은 책뿐만이 아니다. 정치적인 사안을 비롯하여 매사에 군중 심리에 휩쓸리지 않고 자신이 반드시 살펴본 후에 선택하고 행동하는 신중함이 필요하다. '중오지필찰(衆惡之必察)', 뭇사람들이 나쁘다고 하더라도 반드시 살펴보아야 한다는 구절도 '중호지필찰'과 결국 같은 말인 셈이다.

잠언 16장 25절에서도 "어떤 길은 사람이 보기에 바르나 필경은 사망의 길이니라"라고 했다. 이는 사람들의 말에 부화뇌동하지 말고 신중하게 판단하라는 뜻이다.

술을 마시는 군자의 태도

醉中不語 취중불어

醉(취할 취) / 中(가운데 중) / 不(아닐 불) / 語(말씀 어)

이것은 주도(酒道)에 관한 구절이다. 사람이 처음 술을 어떻게 배우느냐에 따라 일생 술 마시는 습관과 태도가 결정된다고 한다. 대개 술을 많이 마시고 취하게 되면, 우선 말이 많아진다. 술이 몸속으로 들어가 피가 왕성하게 돌고 심리적인 방어 기제들이 이완되어 마음속에 담아 두고 있던 말들이 쏟아지는 모양이다. 함께 취하도록 마시고 서로 흉금을 털어놓아야 친밀한 관계가 된다고 생각하는 사람들이 많다.

그런데 《명심보감》에서는 '취중불어진군자(醉中不語眞君子)'라 하여, 취중에 말이 없는 사람이라야 진정한 군자라고 했다. 술에 취한 중에도 할 말 안 할 말을 가릴 줄 아는 판단력과 자기 제어력을 가진다는 것은 보통 사람이 할 수 없는 일이다. 그렇다고 전혀 말을 하지 않는다는 뜻은 아닐 것이다. 계속 대작을 하면서도 신중하고 묵묵한 자세를 유지하는 것이 '취중불어'이다.

어느 기업에서는 신입 사원 면접을 술자리에서 했다 하여 화제가 된 적이 있다. 술에 취하면 속에 있는 말들을 털어놓기 때문에 효과적인 면접이 된다는 것이다. 그런데 '취중불어진군자'의 측면에서 볼 때, 그런 면접에서 점수를 딸 수 있는 사람은 말이 많은 사람보다 말이 적은 무게 있는 사람이 될 것 같다.

야고보서 1장 19절에서는 "사람마다 듣기는 속히 하고 말하기는 더디 하라"라고 했다. 한문으로 하면 '쾌청만설(快聽慢說)'이다. 평소에도 말하기는 더디 해야겠지만, 말이 많기 쉬운 취중에는 더욱 주의하여 말을 더디 하고 줄여야 할 것이다.

관용은 축복의 그릇

萬事從寬 만사종관

萬(일만 만) / 事(일 사) / 從(할 종) / 寬(너그러울 관)

'만사종관(萬事從寬)', 모든 일을 너그럽게 하라는 뜻이다. 그러면 '기복자후(其福自厚)', 그 복이 저절로 두터워질 것이다.

갈라디아서 5장 22-23절을 보면 성령의 열매에 관한 유명한 구절이 나온다. 성령의 열매는 사랑과 희락과 화평과 오래 참음과 자비와 양선과 충성과 온유와 절제이다. 여기서 오래 참음, 자비, 양선, 온유 등은 '만사종관(萬事從寬)'과 일맥상통하는 단어들이다. 이것 전체를 묶어 '관용(寬容)'이라고 말할 수 있기 때문이다.

예수께서 오른뺨을 치는 자에게 왼뺨도 내어놓으라고 했지만, 장자(莊子)도 '어아악자 아역선지(於我惡者 我亦善之)', 나에게 악하게 하는 자에게 나는 선하게 대한다고 했다. 바울도 로마서 12장 20절에서 "네 원수가 주리거든 먹이고 목마르거든 마시우라"라고 했으며, 21절에서는 "악에게 지지 말고 선으로 악을 이기라"라고 했다. 여기서 말하는 선 역시 관용이다.

요즘 사람들은 이해관계를 따지기에 급급하고 조금도 손해를 보지 않으려 한다. 세상이 너무 각박하게 돌아가고 있다. 아파트 주민과 일반 주택 주민 사이에 통행로 문제로 싸움이 끊이지 않고 있고, 골목길 주차 문제로 이웃 간에 살인 사건까지 나는 판이다.

아무쪼록 매사에 관용으로 임하는 것이 손해를 보는 것 같으나, 결국 '기복자후' 하는 첩경이다.

먼저 자신을 헤아려야

先須自量 선수자량

先(먼저 선) / 須(모름지기 수) / 自(스스로 자) / 量(헤아릴 량)

先 須 自 量

앞에서 《성리서》에 나온 '심기지악(尋己之惡)'이라는 문구를 살펴보았다. 다른 사람의 악을 보게 되었을 때 자기 자신의 악도 돌아보라는 말이다.

그런데 강태공은 한 단계 더 나아가 다른 사람을 판단하려는 마음이 일어나려 할 때, 모름지기 자기 자신을 먼저 판단해 보라고 했다. 이것이 '선수자량(先須自量)'의 의미이다. 검지를 펴서 상대방을 가리키며 지적하는 동안 나머지 세 손가락은 자기 자신을 가리키고 있다는 사실을 명심해야 한다.

그리고 '상인지어 환시자상(傷人之語 還是自傷)'이라고 했다. 다른 사람에게 상처 주는 말을 하면 그 말이 되돌아와 자기 자신에게도 상처를 준다는 뜻이다. 그런 독한 말들은 마치 부메랑과도 같이 힘차게 던진 것 같으나, 결국 역시 힘차게 되돌아와 던진 사람의 가슴을 베고 마는 법이다.

이런 점들을 강조하기 위해 강태공은 참으로 인상 깊은 비유를 들고 있다. '함혈분인 선오기구(含血噴人 先污其口)', 피를 머금어 다른 사람에게 뿜으려고 하면 자기 입부터 더러워진다. 그러고 보면, 다른 사람에게 상처를 주는 말들은 부메랑처럼 나중에 되돌아와 자기 자신에게 상처를 주기보다, 그 말들이 입 밖으로 나가는 순간 이미 자기 입이 더러워지고 상처를 입는다고 하는 편이 더 정확할 것 같다. 그러므로 매사에 '선수자량' 하여 다른 사람에게 상처 주는 말들은 극히 삼가야겠다.

마태복음 7장 3-4절에서 "어찌하여 형제의 눈 속에 있는 티는 보고 네 눈 속에 있는 들보는 깨닫지 못하느냐 보라 네 눈 속에 들보가 있는데 어찌하여 형제에게 말하기를 나로 네 눈 속에 있는 티를 빼게 하라 하겠느냐"라고 했다. 다른 사람 눈의 티를 빼려고 할 때 우선 내 눈에 들보가 없나 돌아볼 일이다.

놀이에 빠져 허송세월해서야

凡戲無益 범희무익

凡(무릇 범) / 戲(놀이 희) / 無(없을 무) / 益(이득 익)

인간을 정의하는 여러 말들 중에 '호모 루덴스'라는 말이 있다. 이는 '놀이의 인간'이라는 뜻이다. 인간은 어릴 적부터 놀이를 창안하고 그 놀이에 빠져 지낸다. 차츰 성장함에 따라 그 놀이의 성격과 모양이 달라지지만, 인간은 일생 어떤 놀이의 본능을 따라 움직이게 마련이다.

이성(異性)과 티격태격 시소게임을 벌이며 이루어 가는 연애도 어떻게 보면 놀이의 쾌락과도 관련이 있다. 심지어 모든 문화 현상과 정치 현상마저 언어 게임, 권력 게임 등의 놀이라는 개념으로 풀이하는 학자들도 있다. 현재 컴퓨터 산업에서도 빼놓을 수 없는 것이 컴퓨터 게임이다. 이렇게 놀이는 인간의 활동과 떼려야 뗄 수 없는 관계에 놓여 있는 셈이다.

《명심보감》에서는 '범희무익(凡戲無益)'이라 하여, 무릇 놀이는 이익이 될 것이 없다고 했다. '놀이 희(戲)'와 대조되는 것이 '부지런할 근(勤)'이다. '유근유공(惟勤有功)', 오직 부지런한 것만이 쓸모가 있다. 그러니까 여기서 놀이는 게으른 자의 소치로 취급당하고 있다. 그리고 '놀이 희(戲)'는 '호모 루덴스'의 놀이와는 차원이 다른 말로 도가 지나친 놀이를 가리킨다.

놀이 자체가 목적이 되거나 도박까지 곁들여 거기에 온통 신경을 쓰게 되면 도를 지나치게 된다. 바둑과 같은 건전한 오락도 도가 지나치면 사람의 정신을 어지럽게 하거늘 하물며 다른 게임이나 오락들일까 보냐.

베드로후서 2장 13절에서도 놀이에 탐닉하는 자들에게 경고하고 있다. "낮에 즐기고 노는 것을 기쁘게 여기는 자들이니 점과 흠이라 너희와 함께 연회할 때에 그들의 속임수로 즐기고 놀며." '범희무익'의 교훈을 새겨 시간을 의미 없이 낭비하는 일이 없도록 해야 할 것이다.

손을 아래로 내려도 위로 올려도

瓜田不納履 과전불납리

瓜(오이 과) / 田(밭 전) / 不(아닐 불) / 納(신 신을 납) / 履(신 리)

여기서 '과(瓜)'는 전체적인 문맥으로 볼 때 '오이'라기보다 '참외' 종류로 보는 것이 좋겠다. 오이는 서서 따는 열매이지만, 참외 종류는 허리를 구부려 따는 열매이다.

'과전불납리(瓜田不納履)', 외밭에서 신을 고쳐 신지 말라는 문구는 강태공이 한 말로 너무나 유명하다. 신을 신기 위해서는 대개 허리를 구부리게 되는데, 남의 외밭에서 그런 동작을 취했다가는 참외를 서리한다는 오해를 받기 십상이다. 그와 반대되는 몸짓이긴 하지만 역시 남의 오해를 살 만한 동작이 있다. '이하부정관(李下不正冠)', 오얏(자두)나무 아래에서 갓을 고쳐 쓰는 동작이다. 갓을 고쳐 쓰기 위해서는 손을 위로 올려야 하는데 언뜻 보면 오얏(자두)을 따려는 행위로 보이기 쉽다. 그래서 '이하부정관'은 '과전불납리'와 병행 구를 이루고 있다.

그러고 보면 참으로 이 세상은 마음 편하게 살기는 힘든 곳인가 보다. 손을 아래로 내려도 손을 위로 올려도 오해받기 쉬운 세상이다. 그렇다고 남이 오해를 하든 말든 나는 소신껏 외밭에서도 신을 고쳐 신고 오얏나무 아래서도 갓을 고쳐 쓰겠다고 호기를 부릴 수도 없는 처지이다.

강태공의 충고대로 매사에 조심하는 것이 상책이다. 특히 뇌물과 관련하여 고위 공직자들, 국회의원들, 이 점에 유의하여 처신하지 않으면 순식간에 망신살이 뻗칠 수도 있다.

조선 시대 아동 학습서인 《계몽편》을 보면, 구용(九容)이라 하여 아홉 가지 올바른 태도에 관한 교훈이 나온다. 그중 하나인 '수용공(手容恭)'은 두 손을 가지런히 공손하게 가지는 태도이다. 직장 여성에 대한 성추행 사건 같은 것도 따지고 보면, 남자 상사나 동료들이 손을 공손하게 가지지 않고 엉뚱한 곳으로 뻗었기에 생겨난 일들이다.

잠언 31장 31절은 "손의 열매가 그에게로 돌아갈 것이요"라고 했다. 손을 어떻게 놀리느냐에 따라 그 열매의 성격이 결정될 터이다.

수고하는 인생의 기쁨

逸生於勞 일생어로

逸(기뻐할 일) / 生(날 생) / 於(어조사 어) / 勞(일할 로)

여기서 '일(逸)'은 기쁨, 만족, 편안함을 의미한다. 따라서 '일생어로(逸生於勞)'는 기쁨과 만족은 수고로이 일한 데서 생긴다는 뜻이다. 그러한 수고의 대가를 치르지 않은 기쁨과 만족은 거품과 같아서 쉽게 사라지고 만다. 반면, 수고로 인한 기쁨과 만족은 알찬 것이기에 오래도록 남는다. 육체를 수고롭게 하지 않으면 곧 게을러져서 허물어지기 쉽다.

텔레비전에서 제주도 해녀들의 애환을 취재하여 방영한 일이 있다. 그때 기자가 왜 제주도 남자들이 여자들보다 빨리 죽느냐고 물으니 한 해녀가 웃으며 대답하기를, "제주도 남자들은 집에서 놀며 일을 하지 않아 빨리 죽는다"라고 했다.

육체와 마찬가지로 마음도 그냥 편하게만 있으면 안 된다. 《경행록》에서는 '심불우즉황음부정(心不憂則荒淫不定)'이라 하여 마음이 근심하지 않으면 주색에 빠져서 갈팡질팡한다고 했다. 그러니까 요즘 말로 하면 마음에 어느 정도 스트레스와 걱정이 있는 것이 자신의 근신을 위해서도 좋다는 말이다.

비록 심한 근심이 있다고 하더라도 그 근심을 통해 연단을 받으면, 마음 편하게 한세상 살아가는 사람보다 더 보람찬 일을 할 수 있는 내면을 갖추게 되는 법이다. '낙생어우(樂生於憂)', 진정한 즐거움은 깊은 근심에서 나온다. 시편 126편 5절에서도 "눈물을 흘리며 씨를 뿌리는 자는 기쁨으로 거두리로다"라고 했다. 깊은 근심을 거쳐 즐거움을 얻은 사람은 다른 사람을 위로해 줄 수 있는 능력을 갖추게 된다.

적어도 썩은 나무가 되어서는 안 된다

朽木不可雕 후목불가조

朽(썩을 후) / 木(나무 목) / 不(아닐 불) / 可(가히 가) / 雕(새길 조)

朽 木 不 可 雕

하루는 공자의 제자 재여(宰予)가 낮잠을 자고 있었다. 공자가 그러한 제자의 게으른 모습을 보고 재여를 크게 꾸짖으며 말한 내용 중에 '후목불가조(朽木不可雕)'라는 문구가 있다. 썩은 나무는 조각을 할 수 없다는 뜻이다.

썩은 나무에 조각칼을 들이대면 허물어지기 일쑤이다. 조각을 잘하려면 적어도 나무가 조각칼을 받아낼 만큼 건실해야 한다. 스승과 제자의 관계도 마찬가지이다. 스승이 교육의 목적과 목표에 맞게 제자를 키워 가려면 제자가 스승의 가르침과 훈련을 받아낼 만큼 그릇이 되어 있어야 한다. 그 그릇은 썩어 있지만 않으면 투박해도 좋고 비뚤어져 있어도 좋다.

예수가 베드로를 비롯한 제자들을 갈릴리 바다에서 부를 때, 그들은 대부분 투박하기 그지없는 어부들이었다. 그러나 한 사람 유다를 제외하고는 근본적으로 썩어 있지 않았기에 자신들의 부족한 점에도 불구하고 훈련을 잘 받아 인류의 스승들이 되었다.

그런데 예수의 십자가가 기다리고 있는 중요한 시점에 베드로를 비롯한 수제자 세 사람이 잠을 이기지 못하고 졸았다. 그때 예수께서 말씀하셨다. "시험에 들지 않게 일어나 기도하라 마음에는 원이로되 육신이 약하도다"(눅 22:46)

어쩌면 공자의 제자 재여도 마음으로는 깨어서 공부하기를 원했으나 육신이 약하여 졸았는지도 모른다. 그래서 공자가 '후목불가조'라고 말한 것은 재여가 후목이라는 뜻이라기보다 하나의 '경계의 말씀'으로 주었다고 보는 것이 좋겠다.

지난 일을 자꾸만 곱씹지 말라

事已過而勿思 사이과이물사

事(일 사) / 已(이미 이) / 過(지날 과) / 而(말이을 이) / 勿(말 물) / 思(생각할 사)

자허원군(紫虛元君)이라는 도인이 여러 가지 인생의 교훈을 주는 글 중에 들어 있는 문구이다. '사이과이물사(事已過而勿思)', 이미 일이 지나갔거든 생각하지 말라는 뜻이다.

이 말뜻을 좀 더 분명히 알기 위해서 문구의 앞뒤를 살펴보는 것이 좋겠다. 이 문구 바로 뒤에는 '총명다암매(聰明多暗昧)', 총명한 자도 어리석고 어두울 때가 많다는 말이 있다. 그리고 뒤이어 '산계실편의(算計失便宜)'라는 말이 나오는데, 아무리 계획을 잘 세워도 실패하고 어그러질 수가 있다는 뜻이다.

이렇게 살펴볼 때, 앞에서 말한 이미 지나간 일이란 실패한 일이라고 볼 수 있다. 총명한 자도 어리석을 때가 있고, 계획을 잘 세워도 낭패를 당하는 수가 있는데, 하물며 보통 사람들이야 말해 무엇하랴.

그런데 일이 실패한 것도 문제이긴 하지만, 그보다 더 큰 문제는 이미 실패한 일을 두고두고 곱씹으며 자신을 자학하고 남을 원망하는 마음만 가득 품고 있는 것이다. 그 일을 자꾸만 억울한 마음으로 되돌아봤자 정신 건강만 해칠 뿐이다. 낙관적인 생각으로 그 일을 의식에서 툭툭 털어 버리고 그 일의 결과들을 감당할 성숙한 마음 자세를 갖추는 것이 필요하다.

이사야 43장 18-19절에도 "너희는 이전 일을 기억하지 말며 옛날 일을 생각하지 말라 보라 내가 새 일을 행하리니 이제 나타낼 것이라"라고 했다. 새 일에 대한 벅찬 기대로 옛날 일에 대한 집착을 극복해 나가야 한다.

이미 재물이 지나가 버렸으면

身未遇而勿望 신미우이물망

身(몸 신) / 未(아닐 미) / 遇(때 우) / 而(말 이을 이) / 勿(말 물) / 望(바랄 망)

여기서 미우(未遇)는 불우(不遇)와 같은 말이다. 그러니까 '신미우이물망(身未遇而勿望)'은 몸이 불우한 처지에 놓이더라도 바라지 말라는 뜻이다. 역시 자허원군(紫虛元君)이라는 도사가 한 말이다.

무엇을 바라지 말라는 것인가? 우선 앞 구절들을 살펴보면 '물순래이물거, 물기거이물추(物順來而勿拒, 物旣去而勿追)'라는 문구가 나온다. 재물이 순리를 따라서 오면 물리치지 말고 재물이 이미 지나가 버렸으면 뒤쫓지 말라는 뜻이다.

재물을 얻을 수 있는 기회는 그리 흔하게 오는 것은 아니다.

기회는 앞에만 머리카락이 있고 뒤에는 없다고 하는데, 기회가 다가올 때 앞에서 잡아야지 지나가 버리고서 그때 잡으려고 해봐야 소용이 없는 법이다.

그러니까 몸이 불우한 처지에 놓여 있다는 말은 여기 문맥으로 볼 때는 재물을 얻을 기회를 놓치고 물질적으로 아주 어려운 지경에 처해 있다는 뜻으로 보는 것이 좋겠다. 이때 지나가 버린 재물에 집착하여 거기에 정신이 매여 있으면 안 된다.

디모데전서 6장 9-10절도 재물 집착을 경계하라고 한다. "부하려 하는 자들은 시험과 올무와 여러 가지 어리석고 해로운 욕심에 떨어지나니 사람으로 파멸과 멸망에 빠지게 하는 것이라 돈을 사랑함이 일만 악의 뿌리가 되나니 이것을 탐내는 자들은 미혹을 받아 믿음에서 떠나 많은 근심으로써 자기를 찔렀도다."

인간에게는 물질적인 곤궁뿐만 아니라 질병을 비롯한 여러 가지 종류의 어려움들이 있다. 이런 지경에 처했을 때 거기서 하루빨리 빠져나오려고 지나치게 조급하게 굴다가는 오히려 일을 그르치기 쉽다.

3장

•

마음가짐에 관하여

족한 줄 아는 자의 행복

知足可樂 지족가락

知(알 지) / 足(족할 족) / 可(가히 가) / 樂(즐길 락)

《명심보감》에 '안분편(安分篇)'이 있다. '안분'이란, 편안한 마음으로 제 분수를 지키는 것을 말하는데, 이 '안분편'에서는 스스로 족한 줄 아는 삶의 행복에 관해 이야기하고 있다. 여기서 '지족가락(知足可樂)', 족한 줄 알면 즐거울 것이라는 구절은《경행록》의 교훈으로 '안분편'의 총론인 셈이다.

인생의 행복은 환경과 조건에만 좌우되는 것은 아니다. 내면의 깊은 행복감은 오히려 환경과 조건을 초월하여 자리 잡는 경우가 많다. 가난하고 천해도 즐거운 사람이 있고, 부귀영화를 누려도 마음에 근심이 가득 차 있는 사람이 있다.

가난하고 천해도 즐거울 수 있는 비결은 무엇인가? 바로 지족하는 마음이다. '지족상족(知足常足)', 족한 줄 알아서 항상 족하면, 한평생 욕되지 아니할 것이다. 탐욕에 이끌려 가지 않고, '지지상지(知止常止)', 그칠 줄 알아서 항상 그치면 한평생 부끄러움이 없을 것이다.

이런 자를 가리켜 '지족자'라고 하는데, 〈안분음(安分吟)〉이라는 시에서 지족자들은 비록 인간 세상에 살더라도, 도리어 인간 세상을 벗어나 있는 것처럼 마음의 자유를 한껏 누리며 살게 된다고 노래하고 있다.

개역한글 디모데전서 6장 6절에서도 "지족하는 마음이 있으면 경건이 큰 이익이 되느니라"라고 했다. 신앙의 비결도 지족하는 마음임을 알 수 있다.

느긋한 마음으로 사는 비결

知機心自閑 지기심자한

知(알 지) / 機(틀 기) / 心(마음 심) / 自(스스로 자) / 閑(느긋할 한)

'지기(知機)'는 세상의 기틀, 즉 원리를 안다는 말이다. '지기심자한(知機心自閑)'은 세상이 돌아가는 원리를 알게 되면 마음이 스스로 느긋해진다는 뜻이다. 이 구절 역시 〈안분음(安分吟)〉의 시구이다. 사람의 마음이 분주하고 조급하고 초조한 것은 세상이 돌아가는 원리를 잘 모르기 때문이다.

노자(老子)도 《도덕경(道德經)》에서 말하기를, "성인(聖人)은 문밖에 나가지 않고도 천하의 모든 것을 알며, 창밖을 엿보지 않고도 천도(天道)를 안다. 멀리 나가면 나갈수록 그 아는 것은 더욱 적어진다"라고 했다. 노자가 말한 성인이야말로 '지기심자한'의 상태에 있다 할 것이다.

그러면 세상이 돌아가는 원리는 무엇인가? 참으로 많은 종류의 원리가 있겠지만, 여기 '안분편'에서 말하는 원리는 바로 앞에서 살펴본 '지족가락(知足可樂)'이다.

그 원리와 관련하여 하나만 더 보태고자 한다. '만초손 겸수익(滿招損 謙受益)'의 원리인데, 가득 차면 손실을 부르고 겸손하면 이익을 얻는다는 뜻이다. 여기서 가득 찬다는 것은 마음의 탐욕과 교만을 의미할 것이다. 욕심껏 취하고자 하면 오히려 손해를 보지만 겸손하게 자기 분수를 지키면 이익을 얻는다. 이런 세상의 원리를 아는 자는 탐욕으로 근심하는 법이 없이 느긋한 마음으로 세상을 살게 된다.

사도 바울은 '지기심자한'의 상태에 있음을 빌립보서 4장 11절에서 고백하고 있다. "내가 궁핍하므로 말하는 것이 아니니라 어떠한 형편에든지 나는 자족하기를 배웠노니."

분수에 맞는 정치를

不謀其政 불모기정

不(아닐 불) / 謀(꾀할 모) / 其(그 기) / 政(정사 정)

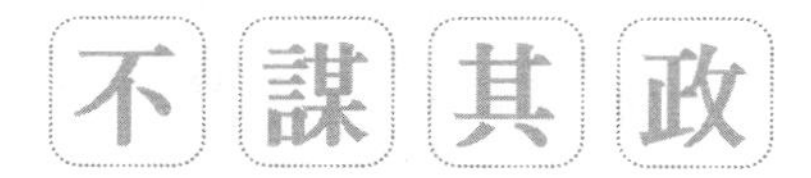

이 문구 앞에 '부재기위(不在其位)'라는 구절이 있다. 그러니까 전체적인 뜻은, 그 지위에 있지 않으면 그 정사를 꾀하지 않는다는 말이다. 자기가 맡은 벼슬자리에 알맞은 일만을 해야지, 그러지 않고 분수를 넘어 다른 지위의 사람이 해야 할 일들까지 꾀하게 되면, 불협화음이 일어나고 급기야는 자기 벼슬자리에서도 물러나야 하는 낭패를 당하기도 한다.

결국 이 구절은 정치를 하는 사람들에게 자기 분수에 맞는 마음을 가지라는 권고인 셈이다. 공자께서 하신 말씀이니 정치를 하는 사람들은 마땅히 깊이 새겨들어야 할 교훈이다.

정부에서 주요 직책을 맡았던 사람들이 직권 남용으로 감옥으로 가게 되는 것도 이 권면을 무시했기 때문이다. 특히 국제 외교전을 치르는 과정에서 우리나라 정부 부처 간에 불협화음이 일어나는 경우가 종종 있는데, 정부 관료들은 '불모기정'의 교훈을 따라 부처 간의 조화를 잘 이루어 나가야 한다.

비단 정치를 하는 사람들뿐만 아니라 회사에서 각 부서를 맡고 있는 사람들도 자기 업무의 파악을 잘해서 남의 업무를 넘보지 않아야 한다.

갈라디아서 6장 4절에서 바울은 남의 일을 넘보기보다 '자기 일'에 충실할 것을 권면하고 있다. "각각 자기의 일을 살피라 그리하면 자랑할 것이 자기에게는 있어도 남에게는 있지 아니하리니."

모든 일을 네거리에서 행하는 듯이

坐密室如通衢 좌밀실여통구

坐(앉을 좌) / 密(깊숙할 밀) / 室(집 실) / 如(같을 여) / 通(통할 통) / 衢(네거리 구)

坐 密 室 如 通 衢

좌밀실여통구(坐密室如通衢)는 《경행록》에 있는 구절이다. 밀실에 앉았어도 마치 네거리에 앉은 것과 같이 한다는 말이다. 아무도 보지 않는 은밀한 곳이라도 만천하 사람들이 보고 있다는 생각으로 말하고 행동한다는 뜻이다. 이런 자세를 가질 때, 은밀한 곳에서 죄를 지을 수 없으며 은밀한 곳에서 뇌물을 주고받을 수 없다. 그런 죄를 짓는 것은 아무도 보지 않고 있다는 의식이 깔려 있기 때문이다.

《중용(中庸)》의 첫머리를 보면, "군자는 그의 보이지 않는 것을 삼가고 들리지 않는 곳을 두려워한다"라고 했다. 마태복음 10장 26절에서도 "감추인 것이 드러나지 않을 것이 없고 숨은 것이 알려지지 않을 것이 없느니라"라고 했다. 이렇게 아무도 보지 않는 은밀한 곳을 마치 훤히 공개된 네거리처럼 여기고 언행을 삼가기 위해서는 무엇보다 마음을 다스려야 한다.

'좌밀실여통구(坐密室如通衢)' 다음에 '어촌심여육마(馭寸心如六馬)', 작은 마음 다스리기를 육마 부리듯 한다는 구절이 나온다. 말 여섯 마리가 끄는 수레를 몰아가려면 참으로 긴장하고 깨어 있어야 한다. 그런 자세로 마음을 다스리면 허물을 면할 수 있을 것이다.

인생이 낭패를 당하는 것은 마음을 잘 다스리지 못하여 은밀한 곳에서 음흉한 일들을 도모하기 때문이다.

밤새도록 공연히 심신을 괴롭혀서야

空使心身半夜愁 공사심신반야수

空(빌 공) / 使(시킬 사) / 心(마음 심) / 身(몸 신) / 半(반 반) / 夜(밤 야) / 愁(근심 수)

空 使 心 身 半 夜 愁

송나라 때 소옹(邵雍)이라는 사람이 편찬한《격양집(擊壤集)》이라는 책 속에 나오는 시구절 중 하나이다. 공연히 한밤중에 마음과 몸으로 근심하게 한다는 뜻이다.

밤에 잠을 자지 못하는 고통보다 더한 것은 없다. 고문의 종류 중에서도 잠 안 재우기가 가장 고통스럽다고 하지 않는가. 왜 그렇게 공연히 마음과 몸을 근심에 시달리게 하는가? 그것은 '불해청천의(不解靑天意)', 푸른 하늘의 뜻을 모르기 때문이다. 여기서 하늘의 뜻은 부귀(富貴)와 관련된 것을 의미한다.

지혜와 힘으로 부귀를 구할 수 있다면, 공자도 젊은 날에 마땅히 제후에 봉해졌을 것이다. 그러나 부귀라는 것은 하늘의 뜻이 따라야지 사람의 힘만으로 얻을 수 있는 것이 아니다. 인간이 아무리 노력해도 하늘이 돕지 않으면 소용없는 일이다.

공자도 물론 정치를 통해 펼치고자 하는 이상적인 꿈이 있어 벼슬자리를 구했지만 제대로 얻을 수 없었다. 그러나 그 일로 낙담하거나 한밤중에 마음과 몸으로 근심하게 하지는 않았다. 하늘의 뜻에 맡기고 때를 기다리며 편안한 마음으로 잠을 잤다.

잠언 16장 1절을 보면, “마음의 경영은 사람에게 있어도 말의 응답은 여호와께로부터 나오느니라”라고 했다. 마음의 경영을 하느라고 밤새도록 근심하지만 말고 하늘의 뜻에 맡기는 자세가 필요하다.

남을 책망하는 일에는 모두 똑똑하다

責人則明 책인즉명

責(꾸짖을 책) / 人(사람 인) / 則(곧 즉) / 明(밝을 명)

북송 철종 때 범충선공(范忠宣公)이라는 명재상이 있었다. 그가 아들들에게 교훈하기를, 아무리 어리석은 사람이라도 남을 책하는 데는 총명하다고 했다. '책인즉명(責人則明)'이 바로 그러한 뜻이다.

왜 어리석은 사람이라도 '책인즉명'이 되는가? 그것은 다른 사람의 약점이나 허물은 귀신같이 찾아내어 볼 줄 아는 인간의 본성 때문에 그러하다. 그래서 어떤 사람이 다른 사람의 약점과 허물에 대해서 날카롭게 지적하며 열변을 토하는 것을 보면 대단히 총명한 것처럼 보이지만, 막상 그 사람의 실제 생활을 들여다보면 어리석기 짝이 없는 요소들로 채워져 있는 경우를 자주 보게 된다.

범충선공은 아무리 총명한 사람이라도 '서기즉혼(恕己則昏)', 자기를 용서하는 데는 어리석다고 했다. 자기 잘못을 깊이 인식하지 못하고 자신을 대강대강 받아들이며 적당히 넘어가는 어리석음을 범한다는 뜻이다. 다시 말해 자기를 너무 쉽게 용서해준다는 말이다. 자기를 용서하는 데는 깊은 반성과 통회가 선행되어야 하는 법이다. 무엇보다 남을 책하는 마음으로 자기를 책할 줄 알아야 한다.

르네 지라르(René Girard)도 《낭만적 거짓과 소설적 진실》에서 소설의 인물들을 분석하며 "강박적인 사람은 자기와 동류인 사람들, 다시 말해서 자기 경쟁자들에 대해 통찰력을 발휘하는 반면 정작 자신에 대해서는 맹목성을 드러냄으로써 우리를 놀라게 한다"라고 했다. '자기 경쟁자들에 대해 통찰력을 발휘하는' 것이 '책인즉명(責人則明)'에 해당하고, '정작 자신에 대해서는 맹목성을 드러냄'은 '서기즉혼(恕己則昏)'에 해당하는 셈이다.

바울도 로마서 2장 1절에서 남을 판단하는 데 빠른 사람들에게 경고하고 있다. "그러므로 남을 판단하는 사람아, 누구를 막론하고 네가 핑계하지 못할 것은 남을 판단하는 것으로 네가 너를 정죄함이니 판단하는 네가 같은 일을 행함이니라."

자기를 지키는 지혜

守之以愚 수지이우

守(지킬 수) / 之(이 지) / 以(써 이) / 愚(어리석을 우)

어리석음으로써 지킨다. 무엇을 어리석음으로써 지켜야 하는가? 그것은 '총명사예(聰明思睿)'이다. '예(睿)'는 깊고 밝다는 뜻이므로 총명하고 깊은 생각을 어리석음을 가지고 지켜야 한다는 말이다. 다시 말해, 자기가 총명하고 깊은 생각을 지니고 있다고 해도 잘난 척하지 않고 도리어 어리석은 척함으로써 자신의 빼어난 부분을 감추고 있어야 한다는 것이다. 벼가 익을수록 고개를 숙인다는 속담은 두고두고 생각해도 뜻깊은 속담이다.

이런 원리는 비단 '총명사예'의 경우에만 해당하는 것은 아니다. 나라에 큰 공을 세워 그 공적이 천하를 덮을 정도라고 해도 아무 공적이 없는 것처럼 겸양한 자세로 그 공적을 지켜야 한다. 이것을 '수지이양(守之以讓)'이라고 한다.

어느 전직 대통령이 자기의 공적을 백성들이 알아주지 않는다고 시대와 정치의 악습 운운하며 개탄한 적이 있다. 그 전직 대통령의 발언은 '수지이양'과는 거리가 먼 것이라 아니할 수 없다. 정치 지도자는 나라와 백성을 위해 한 일이 하나도 없는 것처럼 겸양한 자세를 가질 때 비로소 자신의 공적을 지킬 수 있는 법이다.

용맹이 세상을 진동할 정도라고 해도 '수지이겁(守之以怯)', 겁내는 마음으로 그 용맹을 지켜야 하고, 부유함이 온 세상에 넘친다고 해도 '수지이겸(守之以謙)', 가난한 것처럼 겸손하게 처신함으로써 그 부유함을 지켜야 한다.

예수님도 누가복음 17장 10절에서 자신의 공로를 내세우지 말라고 경계했다. "이와 같이 너희도 명령받은 것을 다 행한 후에 이르기를 우리는 무익한 종이라 우리가 하여야 할 일을 한 것뿐이라 할지니라." 무익한 종의 자세는 '수지이우(守之以愚)' 할 때 비로소 가능하다.

은혜를 베푸는 마음 자세

薄施厚望 박시후망

薄(엷을 박) / 施(베풀 시) / 厚(두터울 후) / 望(바랄 망)

薄 施 厚 望

이 말은 《소서(素書)》라는 책에 나오는 문구이다. 《소서》는 진(秦)나라 말기 병가(兵家)인 황석공(黃石公)이 장량(張良)에게 전해 준 병서(兵書)이다. 병법을 설명한 병서에도 인생 교훈이 기본적으로 담겨 있는 법이다. 사실 인생을 살아가는 것도 전쟁과 같아서 병법이 필요하다. 인생 병법은 고상한 교훈의 모양을 갖추고서 '처세술'이라는 이름으로 불리기도 한다.

'박시후망(薄施厚望)'은 박하게 베풀고는 후하게 바란다는 뜻이다. 이런 사람은 베푸는 자체에 목적이 있는 것이 아니라 그 대가를 바라는 데 온통 마음이 쏠려 있는 자이다. 이런 자는 '불보(不報)', 바라는바 보답도 제대로 받을 수 없다고 했다.

'박시후망'의 인간형은 에리히 프롬이 《사랑의 기술》에서 분류한 시장형 인간이다. 적게 투자하고 많이 벌려고 하는 시장 상인들과 같은 사고방식으로 인간관계를 맺는 사람들이다. 아무 대가를 바라지 않고 베풀기만 해도 은혜를 원수로 갚는 예가 있거늘, 하물며 '박시후망'의 경우는 말해 무엇하랴.

그러므로 우리는 남에게 은혜를 베풀 때 우리 마음속에 '박시후망'의 동기가 없는가 살펴서 바로 고쳐야 함은 물론이고, 남이 우리에게 은혜를 베풀 때도 '박시후망'의 동기로 그러는 것이 아닌지 주의할 필요가 있다.

바울은 사도행전 20장 35절에서 "주 예수께서 친히 말씀하신 바 주는 것이 받는 것보다 복이 있다 하심을 기억하여야 할지니라"라고 했다. 보상을 바라지 않고 주기만 할 때 진정으로 주는 행복을 누릴 수 있다.

마음가짐은 늘 세심해야

心欲小 심욕소

心(마음 심) / 欲(하고자 할 욕) / 小(작을 소)

'심욕소(心欲小)'는 당(唐)나라 때 유명한 의원(醫員)이었던 손사막(孫思邈)이 한 말이다. 의원은 육체의 병만을 치료하는 것이 아니라 마음의 병까지 치료해야 온전한 치료를 할 수 있으므로 옛날 명의들은 마음의 문제까지 깊은 관심을 보였다. 손사막도 예외가 아니어서 우리 인간의 마음가짐이 어떠해야 하는가에 대해 교훈하고 있다.

'심욕소(心欲小)'는 '담욕대(膽欲大)'와 대구를 이루는 구절이다. 그 두 문구를 연결하여 해석하면, 담력은 크게 가지되 마음가짐은 세심해야 한다는 뜻이다. 담력을 크게 가진다고 신중함을 잃고 들떠서는 안 된다. 세심한 데까지 마음을 쓰면서 담대해야 그 담대함이 진정으로 힘을 발휘할 수 있다.

세심한 마음가짐 없는 담력은 무모한 용기일 뿐이다. 무모한 용기만으로 사업을 한다든지, 어떤 문제를 해결하기 위해 달려든다든지 하면 반드시 무리한 결과를 낳고 만다. 손사막이 아닌 다른 사람의 말이긴 하지만, '염염요여임전일(念念要如臨戰日)', 생각하는 것은 항상 싸움터에 나가는 날과 같이 하고, '심심상사과교시(心心常似過橋時)', 마음은 늘 다리를 건너는 때와 같이 하라고 했다. 요즘은 다리들이 튼튼하여 이 말이 맞지 않는 듯하지만, 성수대교 붕괴 사고나 이탈리아 제노바 다리 붕괴 사고 같은 것들을 보면 꼭 그렇지만도 않은 것 같다.

"돌다리도 두드리며 건너라"라는 속담도 '심욕소'나 '심심상사과교시'와 일맥상통한다. 잠언 15장 28절에 "의인의 마음은 대답할 말을 깊이 생각하여도 악인의 입은 악을 쏟느니라"라는 구절이 있는데, '대답할 말을 깊이 생각하는 마음'이 바로 '심욕소'이다.

법을 지키는 즐거움이여

懼法朝朝樂 구법조조락

懼(두려워할 구) / 法(법 법) / 朝(아침 조) / 朝(아침 조) / 樂(즐거울 락)

懼 法 朝 朝 樂

'구법조조락(懼法朝朝樂)'은 법을 두려워하면 아침마다 즐겁다는 뜻이다. 잠에서 깨어나는 아침의 기분이 하루를 지배한다고 해도 과언이 아니다. 그러므로 아침마다 즐겁다는 말은 날마다 즐겁다는 말과 같다.

나라의 법을 두려워하여 지켜 나가면, 하루하루의 사회생활에서 거리낄 것이 없어 즐겁고 자유로운 삶을 보장받을 수 있다. 거기서 더 나아가 마음의 법, 즉 양심의 법을 두려움으로 지키면, 내면의 즐거움과 자유는 더욱 풍성해지기 마련이다. 또 한 단계 더 나아가 하늘의 법을 두렵고 떨림으로 지켜 나가면 즐거움과 자유는 영혼 깊숙이에서 넘쳐 나와 황홀하기까지 하다.

그런데 법을 두려워하지 않고 어기고 기만하면, 날마다 불안에 떠는 삶을 살 수밖에 없다. 이것을 가리켜 '기공일일우(欺公日日憂)'라고 했다. 여기서 '공(公)'은 나라의 일 또는 국법을 의미한다.

고위 공직자나 일반 공무원들이 백성들을 속이고 나라의 법을 교묘하게 어겨 가며 부정부패를 일삼고 공사(公事)를 그르치고 있다면, 그 사람의 내면은 날마다 불안하고 초조할 수밖에 없다. 금방이라도 누가 자기를 잡으러 올 것만 같은 두려움 속에 잠이 들고 깨어야 할 것이다. 그런 불안과 초조, 두려움들에 비하면 자기가 법을 어겨 얻는 이득은 보잘것없는데도, 어리석게도 그것들을 놓치지 않으려 한다.

바울도 로마서 13장 3절에서 "다스리는 자들은 선한 일에 대하여 두려움이 되지 않고 악한 일에 대하여 되나니 네가 권세를 두려워하지 아니하려느냐 선을 행하라 그리하면 그에게 칭찬을 받으리라"라고 했다. 여기서 '다스리는 자들'은 권세를 임의로 행사하는 일반 권세자들을 말하는 게 아니라, 정의로운 법을 따라 엄격하게 다스리는 자들을 가리킨다.

입에서 나오는 더러운 것들

守口如甁 수구여병

守(지킬 수) / 口(입 구) / 如(같을 여) / 甁(병 병)

입을 지키기를 병과 같이 하라. 성리학의 대가 주자(朱子)의 말이다. 여기에 물이 가득 든 병이 있다고 하자. 병마개가 없는 경우에는 조금만 부주의하여 병이 흔들려도 물이 흘러나오기 쉽다. 병마개가 있는 경우에도 그 마개가 느슨하게 잠겨 있으면 물이 새어 나오게 마련이다. 그러므로 병에서 물이 새어 나오지 않게 하기 위해서는 늘 살피고 조심해야 한다.

우리의 마음과 입은 병과 닮은 점이 많다. 병의 주둥이로 물이 흘러나오듯이 우리 마음속에 가득한 것이 물처럼 입으로 쏟아져 나온다.

예수의 제자들이 떡을 먹을 때 손을 씻지 않았다고 바리새인들이 비방하자, 예수께서 마태복음 15장 11절에서 "입에 들어가는 것이 사람을 더럽게 하는 것이 아니라 입에서 나오는 그것이 사람을 더럽게 하는 것이니라"라고 했다.

베드로가 그 말씀에 대한 설명을 구하자, 예수께서는 "입에서 나오는 것들은 마음에서 나오나니 이것이야말로 사람을 더럽게 하느니라. … 마음에서 나오는 것은 악한 생각과 살인과 간음과 음란과 도둑질과 거짓 증거와 비방"이라고 설명해 주셨다(마 15:17, 19).

그런데 입을 지키기 위해서는 입을 굳게 다물고 말을 하지 않는다고 되는 것이 아니다. 무엇보다 마음의 뜻을 바르게 가지도록 힘써야 한다. 그래서 주자는 '방의여성(防意如城)', 뜻을 간수하기를 성을 지키듯이 하라는 권고를 덧붙이고 있다.

백 년도 못 사는 인생이 천 년 걱정을

枉作千年計 왕작천년계

枉(헛되이 왕) / 作(지을 작) / 千(일천 천) / 年(해 년) / 計(꾀 계)

枉 作 千 年 計

이 구절 앞에 '인무백세인(人無百歲人)'이라는 문구가 있다. 사람들 중에 백 세를 사는 자가 없다는 말이다. 그런데도 인간은 '왕작천년계(枉作千年計)', 부질없이 천 년의 계획을 세운다. 물론 인간은 그날그날 벌어 먹고사는 것만으로 만족할 수는 없다. 10년, 100년 앞을 내다보는 원대한 꿈이 있어야 하고, 그 꿈을 이루기 위해 당대가 애쓸 뿐만 아니라 후대도 선조의 뜻을 계승해 나가야 한다. 유럽의 유명한 건물 중에는 수백 년에 걸쳐 지어진 것들이 있고 지금도 지어지고 있는 것들도 있다. 그야말로 건물 하나를 지어도 천년 계획을 세우는 셈이다.

그러나 여기서 '왕작천년계(枉作千年計)'는 그런 긍정적인 이상과 꿈을 의미하는 것이 아니다. 자기 분수를 모르고 터무니없이 욕심부리는 것을 가리키는 말이다. 인간은 얼마나 어리석고 욕심이 많은가! 욕심이 많은 만큼 온갖 염려와 걱정에 시달리게 된다. 그래서 사람은 100세도 못 살면서 1,000년의 근심을 안고 살아간다는 말도 있다.

권력에 눈이 어두운 사람들은 재물에도 눈이 어두운 법이다. 일반 봉급자들이 천 년을 모아도 다 모으지 못할 수천억 원대의 돈을 끌어모아 그것을 관리하느라 노심초사하는 권력자들이 있다. 그야말로 '왕작천년계'의 어리석음이라 아니할 수 없다.

'풍부한 재물을 어떻게 관리할까?' 하고 긴 계획을 세우는 부자도 하룻밤에 저세상으로 갈 수 있다. 누가복음 12장 20절에 이런 말씀이 있다. "어리석은 자여 오늘 밤에 네 영혼을 찾으리니 그러면 네 준비한 것이 누구의 것이 되겠느냐." 하나님께서 그 생명을 거두시면 부자가 세운 천 년의 계획도 물거품이 되고 만다.

마음에 거리낌이 없는 자의 얼굴

面無慙色 면무참색

面(얼굴 면) / 無(없을 무) / 慙(부끄러울 참) / 色(빛 색)

'면무참색(面無慙色)'은 얼굴에 부끄러운 빛이 없다는 말이다. '심부부인(心不負人)', 마음이 다른 사람을 저버리거나 속이지 않았으면 부끄러운 빛이 없는 얼굴을 할 수 있다. 다른 사람을 속이면서도 부끄러운 빛 하나 띠지 않는 철면피도 있지만, 대부분의 사람들은 뭔가 마음에 꺼리는 것이 있으면 얼굴에 어떤 기색으로든지 나타나기 마련이다.

맹자도 '이루장구편(離婁章句篇)'에서 마음과 얼굴, 그중에서도 눈동자와의 관계를 명쾌하게 말했다. "사람의 마음을 살펴보는 데는 눈동자보다 더 좋은 것이 없다. 눈동자는 능히 자기의 악을 감추지 못한다. 마음이 올바르면 눈동자도 맑고, 마음이 올

바르지 않으면 눈동자도 흐려지게 된다. 그 하는 말을 듣고서 눈동자를 보니 어찌 그 마음을 숨길 수가 있겠는가."

수사관들도 피의자를 신문할 때 그가 거짓말을 하는지 간파하기 위해 눈을 주목하면서 진행한다. 법정에서 재판관도 검사와 변호사의 논쟁을 들으면서도 피고의 눈을 주목하며 심증을 굳혀 나간다고 한다. 마음에 거리낌이 없으면 눈이 안정되고 얼굴에도 부끄러움이 없다.

예수님도 누가복음 11장 34-36절에서 마음의 빛과 눈의 관계를 말씀하셨다. "네 몸의 등불은 눈이라 네 눈이 성하면 온몸이 밝을 것이요 만일 나쁘면 네 몸도 어두우리라 그러므로 네 속에 있는 빛이 어둡지 아니한가 보라 네 온몸이 밝아 조금도 어두운 데가 없으면 등불의 빛이 너를 비출 때와 같이 온전히 밝으리라 하시니라."

내 속의 빛이 밝으면 눈도 성하고 '면무참색'으로 당당할 터이다.

반드시 후회하고 말 짓을 왜?

官行私曲失時悔 관행사곡실시회

官(벼슬 관) / 行(행할 행) / 私(사사 사) / 曲(굽을 곡) / 失(잃을 실) / 時(때 시) / 悔(뉘우칠 회)

官 行 私 曲 失 時 悔

송(宋)나라 때 어진 재상 구래공(寇萊公)이 한 말로, 육회명(六悔銘), 즉 여섯 가지 후회할 일에 관한 교훈 중 하나이다. '관행사곡실시회(官行私曲失時悔)'는 관직에 있는 자가 사곡(私曲), 즉 사리사욕을 위해 부정부패를 행하면 벼슬을 잃었을 때 후회하게 된다는 뜻이다. 관직이 높을수록 그 후회의 강도가 더욱 클 것은 두말할 나위가 없다.

그런데 벼슬을 잃었을 때 비로소 후회하게 되는 이유는 무엇인가? 그것은 벼슬을 하는 동안은 사곡을 행해도 권세로써 자신의 거짓되고 부정한 모습을 감출 수 있기 때문이다. 양의 가죽을 쓰고 백성들 앞에 선량한 듯한 모습을 보이면서 뒤로는 온갖 부정부패를 일삼을 수 있다.

그러나 벼슬에서 물러나면 자연히 권세를 잃고 관직에 있을 때 저지른 부정부패들이 하나둘씩 들통이 나게 마련이다. 그때 후회해 봤자 이미 때가 늦었다. 그러한 예들이 역사를 조금만 살펴보면 수두룩하게 나오는데, 왜 또 후회할 짓들을 저지르는지 인간의 어리석음은 끝이 없는 것 같다.

역대 대통령들과 그 인척들이 한결같이 이러한 어리석음의 표본이 되어 왔다. '이번 대통령만큼은 다르겠지' 하는 기대가 번번이 깨지고 만다. 언제까지 이런 역사의 악순환이 되풀이될지 안타깝기만 하다.

이사야 1장 23절에서는 고관들의 '사곡'을 책망하고 있다. "네 고관들은 패역하여 도둑과 짝하며 다 뇌물을 사랑하며 예물을 구하며 고아를 위하여 신원하지 아니하며 과부의 송사를 수리하지 아니하는도다."

이러한 자들은 관직을 잃은 후에 크게 후회하게 될 것이다. 그야말로 '관행사곡실시회'이다.

비록 가난하더라도 우환이 없으면

無事而家貧 무사이가빈

無(없을 무) / 事(일 사)/ 而(말이을 이) / 家(집 가) / 貧(가난할 빈)

사고나 우환 없이 집이 가난한 것과 사고나 우환이 있으면서 집이 부자인 것, 둘 중 어느 것이 더 나을까? 차라리 후자보다는 전자가 나은 편이다.

《익지서(益智書)》를 보면, '무사이가빈(無事而家貧)'을 운운한 구절 다음에, "아무 사고 없이 띠 풀로 덮은 모옥(茅屋)에 사는 것이 사고가 있으면서 온갖 보석으로 치장한 금옥(金屋)에 사는 것보다 차라리 낫다"라는 구절이 나온다. 그리고 "병이 없이 거친 밥을 먹는 것이 병이 있어 좋은 약을 먹는 것보다 낫다"라고 했다.

돈이라는 것이 우리 인생에 행복을 가져다주기도 하지만, 많은 경우 행복보다는 불행을 더욱 가져다주는 것을 보게 된다. 돈은 그 속성상 탐심을 자극하기 때문에 탐심에 한 번 빠지다 보면 그 어떤 장사라도 헤어 나오기 힘든 법이다. 그러므로 비록 가난하더라도 사고나 우환이 없으면 그것만으로도 감사하는 마음을 가지고 살아야 할 것이다.

잠언 19장 1절에서도 "가난하여도 성실하게 행하는 자는 입술이 패역하고 미련한 자보다 나으니라"라고 했다. 가난한 중에도 성실히 행하며 사고와 우환이 없으면 패역한 부자들보다 행복하지 않겠는가.

어떤 마음으로 음식을 먹느냐

性定菜羹香 성정채갱향

性(성품 성) / 定(정할 정) / 菜(나물 채) / 羹(국 갱) / 香(향기 향)

性 定 菜 羹 香

이 구절 앞에 '심안모옥온(心安茅屋穩)', 마음이 안정되면 띠집에 살아도 평온하다는 문구가 있다. '심안모옥온'은 앞에서 살펴본 '무사이가빈(無事而家貧)'과 비슷한 말이지만, 그보다 한 단계 더 나아간 경지이다. 왜냐하면 '심안(心安)'은 무사(無事)냐 유사(有事)냐 하는 차원을 뛰어넘어 내적인 평안을 누리는 상태이기 때문이다.

'성정채갱향(性定菜羹香)'은 성정이 안정되면 나물국도 향기롭다는 뜻이다. 갖가지 맛있는 음식으로 진수성찬을 차려 놓아도 마음과 성정이 안정되지 못하고 불안과 초조로 가득 차 있다면, 그 음식들이 하나같이 소태처럼 쓰게 느껴질 것이다. 그러나 마음과 성정이 안정되어 있으면, 어떤 음식을 먹어도 맛이 있고, 나물국이든 된장국이든 어떤 국이든지 향기롭기까지 하다.

요즘 건강식에 대한 관심들이 높은데, 어떤 음식을 먹느냐 하는 문제보다 어떤 마음으로 음식을 먹느냐 하는 것이 더 중요하다. 아무리 영양가가 높은 음식이라도 마음이 불안정한 상태에서 먹으면 그것이 건강의 원동력이 될 수 없다. 어떤 건강학자는 자기가 먹고 싶은 음식을 그저 즐겁고 편안한 마음으로 적절히 먹는 것이 최고의 건강식이라고 했다.

예수의 길을 예비한 세례 요한은 광야에서 메뚜기와 석청을 먹었어도(마 3:4) 성정이 안정되었기에 그 어떤 진수성찬보다 더 맛있는 식사를 했을 것이다. 잠언 17장 1절에서도 "마른 떡 한 조각만 있고도 화목하는 것이 제육이 집에 가득하고도 다투는 것보다 나으니라"라고 했다.

스스로 용서하는 데 빠르면

自恕者不改過 자서자불개과

自(스스로 자), 恕(용서할 서), 者(놈 자), 不(아닐 불), 改(고칠 개), 過(허물 과)

自 恕 者 不 改 過

스스로 용서하는 자는 자신의 과오를 고치지 못한다. 《경행록》에 나오는 말이다. "스스로 용서한다"라는 말은 자기의 잘못을 솔직하게 인정하지 않고 변명하기에 급급하거나 가볍게 여기는 것을 뜻한다. 자기가 얼마나 잘못을 저질렀는가를 모르고 자신에 대한 철저한 통회(痛悔)가 없기에 과오를 고칠 기회를 놓치고 마는 것이다.

현대 정치사에서 정치 지도자들과 사회 지도층이 대국민 사과를 하는 장면을 종종 보게 된다. 하지만 그 사과문은 전체적으로 깊은 반성에서 우러난 것이라기보다 어쩔 수 없이 발표된 것이라는 인상을 풍기는 경우가 많다. 그런 사과문을 들으면

'자서자불개과(自恕者不改過)'라는 문구가 새삼 생각난다. 우리 자신도 자신을 용서하는 데 너그럽고 빠르지 않은가 깊이 반성해 볼 일이다.

공자도 《논어》 '위령공편(衛靈公篇)'에서 "불왈여지하여지하자 오미여지하야이의(不日如之何如之何者 吾未如之何也已矣)"라고 했다. 어찌할꼬 어찌할꼬 하지 않는 자, 다시 말해 자기를 철저히 돌아보지 않는 자는 공자 자신도 어찌할 수 없다는 뜻이다.

사도행전 2장을 보면 베드로가 오순절 이후 성령으로 충만하여 예루살렘 사람들에게 설교하자 뭇사람이 마음에 찔려 "어찌할꼬 어찌할꼬" 베드로에게 물었다. 베드로가 그들에게 무엇보다 "회개하라"라고 강력히 도전했다. 스스로에 대해 너그럽게 대하지 말고 엄격하게 자기를 돌아보고 깊이 뉘우치라고 했다. '자서자불개과', 자신에 대해 너그러우면 과오를 고칠 수가 없기 때문이다.

자기를 남보다 세 배로 책망하기

責己則寡過 책기즉과과

責(꾸짖을 책) / 己(자기 기) / 則(곧 즉) / 寡(적을 과) / 過(허물 과)

責 己 則 寡 過

책기즉과과(責己則寡過)는 자기를 책망하면 허물이 적어진다는 뜻이다. 이 구절은 앞에서 살펴본 '자서자불개과(自恕者不改過)'와 결국 같은 말이다. 그런데 자기를 어느 정도로 책망해야 하는가? 여기에 대한 기준으로 '책인지심(責人之心)'을 들고 있다. 다시 말해 남을 책망하는 마음으로 자기를 책망하라는 말이다.

검지 하나로 다른 사람을 지적하며 비난하는 동안 중지, 약지, 새끼손가락 세 개는 자기 자신을 향하고 있다. 이런 손가락의 비율로 볼 때는 다른 사람을 책망하는 마음의 세 배 정도로 자기를 책망해야 마땅하지 않은가.

우리나라 역대 정치 지도자들을 보면, 그들은 부정 축재자를 비롯한 갖가지 범법자들을 감옥에 잡아넣었으면서도, 자신들의 범법 행위는 정당한 통치 행위로 가장하여 합리화했다. 남들을 감옥에 가두는 그런 마음으로 자기를 다스렸다면 보다 나은 정치를 구현했을 터이다.

지금 이 땅의 정치인들은 기회만 있으면 정적(政敵)에 대한 비난의 강도를 높이고 있다. 그런 정치인들이 정적을 비난하는 마음으로 자신을 책망한다면 보다 나은 정치 문화가 자리 잡게 될 것이다. 또한 여러 인간관계, 특히 부부관계에 있어 자기를 먼저 책망하는 자세를 지니면 문제를 일으킬 수 있는 허물들이 훨씬 줄어들 것이다.

예수님도 마태복음 7장 1-2절에서 "너희가 비판하는 그 비판으로 너희가 비판을 받을 것이요 너희가 헤아리는 그 헤아림으로 너희가 헤아림을 받을 것이니라"라고 했다. '책인지심'으로 자신을 먼저 비판하는 자세를 가지면 '책기즉과과'의 열매를 얻게 될 것이다.

원만한 사귐을 가지려면

責人者不全交 책인자불전교

責(꾸짖을 책) / 人(사람 인) / 者(놈 자) / 不(아닐 불) / 全(온전할 전) / 交(사귈 교)

責 人 者 不 全 交

인간은 사회적인 동물로 어떤 모양으로든지 다른 사람들과 사귐을 가지면서 살아가야 한다. 그런데 우리가 사귐을 가져야 할 상대는 인격적으로나 도덕적으로 완전한 사람들이 아니다. 물론 우리 자신도 약점과 결점투성이이다. 이런 불완전한 존재들끼리 사귐을 가져야 하므로 늘 어려움과 문제가 뒤따른다. 특히 상대방의 약점과 결점을 잘 참지 못하고 꾸짖기를 일삼는 사람은 원만한 교제를 이루기가 힘들다. 이것이 '책인자불전교(責人者不全交)'의 의미이다.

그렇다고 무조건 상대방의 잘못을 눈감아 주라는 말은 아니다. 적절한 때 바르게 책망하여 깨닫도록 하는 것은 상대방을 위해서도 필요한 일이다. 문제는 상대방의 결점만 자꾸 집어내어 지적하는 태도이다. 이런 태도를 지닌 자를 완전주의자라고 하는데, 완전주의자는 곧잘 인간관계가 파괴되는 방향으로 나아가기 쉽다.

그러나 '서기지심(恕己之心)', 자기를 용서하는 마음으로 남을 용서하는 방향으로 나아가면 사귐을 원만히 할 수 있다. 이것이 '서인즉전교(恕人則全交)'이며, '책인자불전교'와 대조를 이룬다.

요한일서 1장 3절을 보면, "우리의 사귐은 아버지와 그의 아들 예수 그리스도와 더불어 누림이라"라고 했다. 이 말은 용서의 사랑을 베푸는 신과의 사귐이 있을 때 인간끼리의 진정한 사귐도 가능하다는 뜻이다.

사적인 이익에 연연해서야

私意確則滅公 사의확즉멸공

私(사사 사) / 意(뜻 의) / 確(굳을 확) / 則(곧 즉) / 滅(멸할 멸) / 公(공적 공)

私 意 確 則 滅 公

'사의확즉멸공(私意確則滅公)'는 '사(私)'를 위하는 마음이 굳으면 '공(公)'을 멸하게 된다는 뜻이다. '사'를 위하는 마음은 어떤 마음이며, '공'을 멸한다는 것은 무슨 뜻인가? 그 의미를 좀 더 알기 위해서 바로 앞에 있는 '이심전즉배도(利心專則背道)'라는 구절을 살펴볼 필요가 있다. 이 구절은 오로지 자기 이익만을 생각한다면 도리를 저버리게 된다는 뜻이다. 여기서 '사'를 위하는 마음은 바로 자기 이익만을 생각하는 마음이다. 그리고 '공'을 멸한다는 것은 곧 도리를 저버린다는 뜻이다.

특히, 나라 살림을 맡고 백성의 생명과 안전을 책임지는 관직에 있는 사람들은 그 관직이 높거나 낮음을 불문하고 자신이 맡고 있는 공적 지위에 따르는 도리가 있는 법이다. 그런 사람들을 가리켜 공무원(公務員)이라고 하여 '공(公)'의 의미를 강조하고 있다.

공적 지위에 있는 사람들이 사의를 제대로 다스리지 못하고 자기 이익만을 고집스럽게 추구한다면 그 지위에 따르는 도리는 여지없이 허물어지고 만다. 말단 공무원이 그렇게 해도 공적 도리가 훼손되는 법이거늘, 하물며 최고 지위에 있는 자와 친인척들이 사의로 가득 차 자기 이익만 챙기기에 급급해한다면 공적 도리의 훼손됨이 얼마나 막심할 것인가!

사무엘이 사울을 왕으로 세우는 자리에서 백성에게 물었다. "내가 여기 있나니 여호와 앞과 그의 기름 부음을 받은 자 앞에서 내게 대하여 증언하라 내가 누구의 소를 빼앗았느냐 누구의 나귀를 빼앗았느냐 누구를 속였느냐 누구를 압제하였느냐 내 눈을 흐리게 하는 뇌물을 누구의 손에서 받았느냐 그리하였으면 내가 그것을 너희에게 갚으리라"(삼상 12:3). 그러자 백성은 그런 적이 전혀 없다고 대답했다.

사무엘은 이 질문을 통해 사울에게 왕의 도리를 가르친 셈이다. 사익을 구하다가 '사의확즉멸공'의 나락으로 떨어지지 말라는 경고이기도 하다.

일이 일을 낳는 고단한 인생

生事事生 생사사생

生(날 생) / 事(일 사) / 事(일 사) / 生(날 생)

生 事 事 生

《명심보감》의 '존심편(存心篇)' 마지막에 나오는 문구이다. '존심(存心)'은 마음을 지킨다는 뜻이다. 그 마음은 '양심'을 뜻하기도 하고 '평상심'을 뜻하기도 한다. 그런데 '생사사생(生事事生)', 일을 만들면 일이 생긴다는 구절은 언뜻 보기에 '존심편'과는 거리가 있는 듯하다. 그러나 다시 한번 생각해 보면 아주 밀접한 관계가 있다는 것을 알 수 있다.

여러 인간관계와 이해관계에 이끌려 일들을 만들다 보면 한정이 없다. 세포가 분열하듯이 그 일이 이 일을 낳고 이 일이 저 일을 또 낳는다. 그래서 일을 따라 허겁지겁 달려가다가 어느새 종착역에 닿는 것이 우리 인생이다. 자기 내면을 성찰해 볼 시간도 없고 영원하고 아름다운 것에 대해 묵상해 볼 여유도 없다.

우리나라 40대 남자들의 사망률이 높은 이유는 무엇인가? 가정과 사업, 경조사, 교제 등등에 몸과 마음이 쉴 틈 없이 분주하다가 과로로 쓰러지고 마는 것이다. 가만히 돌이켜보면 얼마나 쓸데없는 일들에 우리의 몸과 마음이 소모되고 있는가. 존심의 관점에서 볼 때는 될 수 있는 한 일을 줄여 꼭 필요한 일들만 챙겨야 한다. 그래야 안정된 마음으로 자기 일을 해 나갈 수 있는 법이다.

'생사사생(生事事生)'에 시달릴 때는 '생사사생(省事事省)'으로 나아갈 필요가 있다. '생사사생(省事事省)'은 일을 줄이는 방향으로 나간다는 뜻이다.

바울도 데살로니가후서 3장 11-12절에서 쓸데없이 일만 만들고 다니는 자들에게 경고하고 있다. "우리가 들은즉 너희 가운데 게으르게 행하여 도무지 일하지 아니하고 일을 만들기만 하는 자들이 있다 하니 이런 자들에게 우리가 명하고 주 예수 그리스도 안에서 권하기를 조용히 일하여 자기 양식을 먹으라 하노라."

4장

•

성품에 관하여

물은 제방을 따라 흘러야

人性如水 인성여수

人(사람 인) / 性(성품 성) / 如(같을 여) / 水(물 수)

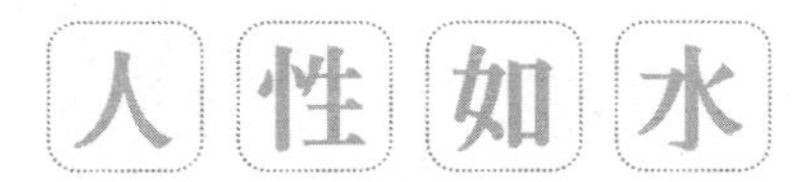

사람의 성품은 물과 같다는 뜻이다. 자고로 성품을 물에 비유하는 경우가 많다. 성선설이냐 성악설이냐에 따라 그 비유가 달라지게 마련이다. 《경행록》에서도 사람의 성품을 물에 비유했다. 물이 한번 쏟아지면, 다시 주워 담을 수 없다. 사람의 성품도 고삐 풀린 망아지처럼 되어 버리면 다시 돌아오기 힘들다. 한 번 정도 어떠랴 하지만, 한 번이 두 번 되고 두 번이 세 번 되다가 어느덧 관성이 붙게 되면 점점 더 돌이키기가 어려워진다.

그러므로 '제수자필이제방(制水者必以堤防)', 물을 제어하려면 반드시 제방으로 하듯이, '제성자필이예법(制性者必以禮法)', 성품을 제어하려면 반드시 예법으로 해야 한다. 여기서 우리 인간

사회의 예법은 물과 연관 지으면 일종의 제방인 것을 알 수 있다. 아무리 홍수가 져서 물이 많아도 제방이 튼튼하면 물은 그 제방을 따라 굽이굽이 흐르면서 넘치지 않는다. 여러 가지 욕망이 들끓는 인간의 성품도 예법이라는 제방을 따라 흐르기만 하면 사회에 악영향을 미칠 정도로 넘쳐 나지는 않는다.

떡값이니 선물이니 하는 것도 어떻게 보면 인간 사회에서 윤활유 역할을 하는 요소들인지 모른다. 좋은 말로 하면 감사의 표시이고, 누구 말마따나 성금이라고도 할 수 있다. 문제는 그런 것들이 제방을 흘러넘치는 물처럼 상식적인 차원을 뛰어넘는다는 데 있다. 그러므로 매사 규모에 맞게 절제가 필요하다.

바울은 고린도전서 9장 25절에서, 승리하려면 모든 일에 절제해야 한다고 강조하고 있다. "이기기를 다투는 자마다 모든 일에 절제하나니 그들은 썩을 승리자의 관을 얻고자 하되 우리는 썩지 아니할 것을 얻고자 하노라." 그러하기에 절제의 제방으로 우리의 욕망이 흘러넘치지 않도록 늘 경계해야 한다.

마음 위에 칼을 둔 것처럼

得忍且忍 득인차인

得(얻을 득) / 忍(참을 인) / 且(또 차) / 忍(참을 인)

여기서 득(得)은 '할 수 있으면'으로 해석하는 것이 좋겠다. 즉, 득인차인(得忍且忍)은 할 수 있으면 참고 또 참으라는 말이다. '참을 인(忍)'은 '마음 심(心)' 위에 '칼 도(刀)'가 놓여 있는 형용이다. 마음은 조금만 한눈을 팔면 제멋대로 방종으로 흐르기 쉽다. 또한 질투나 분노로 치우치기 쉽다. 그래서 마음 위에 칼을 놓아둘 필요가 있다. 마음이 약간만 곁길로 가도 칼에 베이지 않을까 경계하도록 말이다.

그러므로 '득인차인(得忍且忍)' 다음에 '득계차계(得戒且戒)', 할 수 있으면 경계하고 경계하라는 구절이 이어지는 것은 당연하다. 참음과 경계는 동전의 양면과도 같다. 참음 없이 경계할 수 없고, 경계 없이 참을 수 없다.

그런데 '불인불계(不忍不戒)', 참지 않고 경계하지 않으면, '소사성대(小事成大)', 작은 일이 큰일이 되고 만다고 했다. 한순간의 분노를 참지 못하고 경계하지 않음으로써 살인과 같은 끔찍한 일을 저지르고 일생 후회와 근심 속에 사는 경우를 종종 보게 된다.

'인일시지분(忍一時之憤)', 한순간의 분노를 참으면 '면백일지우(免百日之憂)', 백날의 근심을 면할 수 있다고 했다. 또한 한순간의 정욕이나 탐욕을 참으면 역시 백날의 근심을 면할 수 있다. 어디 백날뿐이겠는가! 한때의 탐욕을 참지 못하고 경계하지 않음으로써 큰 근심에 빠진 자들을 보면서 우리는 더욱 '득인차인'의 교훈을 되새기게 된다.

사랑 장이라 말하는 고린도전서 13장을 보면, 사랑의 특성을 열거할 때 "오래 참고"를 맨 앞에 두었다. 갈라디아서 5장 22절에서도 성령의 아홉 가지 열매 목록에 '오래 참음'을 넣었다. 참아도 잠시 참는 것이 아니라, 참고 또 참고 오래 참아야 한다.

사사건건 너무 시비를 가리지 말고

是非無相實 시비무상실

是(옳을 시) / 非(나쁠 비) / 無(없을 무) / 相(서로 상) / 實(바탕 실)

是 非 無 相 實

시비무상실(是非無相實)은 옳은 것이나 그른 것이나 다 같이 실체가 없다는 뜻이다. 도대체 이 말이 무슨 말인가? 《명심보감》은 옳고 그른 것을 가려 바르게 선택하는 법을 가르치는 책으로 알고 있는데, 옳고 그른 것을 가려 봤자 실체가 없다고 하다니…. 그러면 옳게 사는 것이나 그르게 사는 것이 똑같으니 가치 기준도 없이 마음대로 살라는 말인가? 물론 그런 말이 《명심보감》에 실려 있을 리 없다.

여기서 시비(是非)는 객관적이고 공정한 기준에 의한 것이 아니라, 얄팍한 머리에서 우러난 주관적인 가치 판단에 의한 것임은 두말할 나위가 없다. 그런 가치 판단은 대개 편견으로 치우쳐 있고, 그것을 기준으로 삼은 시비는 '시(是)'라고 해서 시(是)가 아니며 '비(非)'라고 해서 비(非)가 아니다. 시비를 가린다고 하지만 그야말로 실체가 없이 뜬구름을 잡는 격이다. 그런 시비를 놓고 마음에 불을 놓은 듯 화를 내는 것은 어리석고 못난 자가 하는 짓이다.

그럴 바에는 차라리 시비를 가리지 말고, '지작이변풍(只作耳邊風)', 단지 귓가를 스치는 바람결로 여기는 것이 낫다. '장단가가유(長短家家有)', 장단점은 집집마다 있고 '염량처처동(炎凉處處同)', 따뜻하고 싸늘하기는 이곳이나 저곳이 같지 않은가 하며, 넓고 여유로운 마음을 가지고 섣불리 좁은 머리로 시비를 가리지 않는 것이 낫다는 말이다.

시비를 가릴 필요가 없는 일인데도 논쟁 벌이기를 좋아하는 자들에 대해, 바울은 여러 번 편지를 통해 경고했다. "그러나 어리석은 변론과 족보 이야기와 분쟁과 율법에 대한 다툼은 피하라 이것은 무익한 것이요 헛된 것이니라"(딛 3:9).

참는 자의 복

百行之本忍之爲上 백행지본인지위상

百(일백 백) / 行(행실 행) / 之(의 지) / 本(밑 본) / 忍(참을 인) / 之(의 지) / 爲(될 위) / 上(위 상)

百 行 之 本 忍 之 爲 上

모든 행동의 근본은 참는 것이 으뜸이라는 말이다. 이것은 공자가 자장(子張)이라는 제자에게 해 준 말이다. 자장이 멀리 길을 떠나면서 공자에게 하직 인사를 드리며 부탁했다. "몸을 닦는 가장 아름다운 길에 대하여 말씀 한마디 해 주시기를 원합니다." 이때 공자가 대답하기를, "백행지본인지위상(百行之本忍之爲上)"이라 했다.

자장이 다시 물었다. "무엇 때문에 참아야 합니까?" 공자가 대답했다. "천자가 참으면 나라에 해가 없고, 제후가 참으면 큰 일을 이루고, 관리가 참으면 승진하게 되고, 형제가 참으면 집안이 부귀를 얻게 되고, 부부가 참으면 일생을 해로하게 되고,

친구끼리 참으면 서로 이름을 더럽히지 않고, 자신이 참으면 재앙이 없을 것이다." 공자는 천자, 제후, 관리 등 나라를 다스리는 일을 맡은 사람들이 무엇보다 가장 먼저 해야 할 일이 참는 일임을 강조했다.

지도자는 자신을 비난한다고 득달같이 보복하며 고소 고발을 일삼지 말고 참는 법을 익혀야 한다. 또한 지도자는 자신의 권세와 지위를 이용하여 자기 탐욕을 채우고 싶은 유혹이 있더라도 참아야 한다. 그러면 나라에 우환이 없고 나라를 위해 큰 일을 하게 되며 더욱 존귀하게 된다.

형제와 부부, 친구 사이 등 여러 인간관계에서도 참는 일이 가장 중요하다. 참을 때 인간관계가 더욱 돈독하게 되고, 그로 말미암아 가정과 사회가 복을 받게 된다. 참지 않으면 모든 인간관계가 파괴되고 만다.

잠언 25장 15절은 참음의 효과에 대해 인상적으로 표현하고 있다. "오래 참으면 관원도 설득할 수 있나니 부드러운 혀는 뼈를 꺾느니라."

남을 높일 줄 알아야

屈己者能處重 굴기자능처중

屈(굽을 굴) / 己(자기 기) / 者(놈 자) / 能(능할 능) / 處(곳 처) / 重(무거울 중)

자기를 굽히는 자는 중요한 지위를 누릴 수 있다. 《경행록》에 나오는 구절이다. 그와 대구를 이루는 구절로 '호승자필우적(好勝者必遇敵)'이라는 문구가 뒤따른다. 이기기를 좋아하는 자는 반드시 적을 만나게 된다는 뜻이다.

자기가 제일 잘난 줄 알고 남을 이기기 좋아하는 자는 강적을 만나게 마련이고 자기가 처한 지위에서 미끄러지기 쉽다. 하지만 남을 자기보다 낫게 여기고 겸손하게 자기를 굽힐 줄 아는 사람은 자연히 주위 사람들의 사랑을 받게 되어 지위가 오르고, 나중에는 중요한 직책까지 맡게 된다.

맹자가 말한 '사양지심(辭讓之心)'이 바로 자기를 굽힐 줄 아는 마음이다. 자기를 굽히며 다른 사람에게 양보하는데도 결국은 손해를 보지 않고 이득을 얻는 경우가 많다. 이것이 '사양지심'의 역설이다.

바울은 빌립보서 2장 3절에서 "아무 일에든지 다툼이나 허영으로 하지 말고 오직 겸손한 마음으로 각각 자기보다 남을 낫게 여기라"라고 했다. 야고보서 4장 10절에서도 "주 앞에서 낮추라 그리하면 주께서 너희를 높이시리라"라고 했다.

대꾸하지 않아야 할 경우

不對心淸閑 부대심청한

不(아닐 부) / 對(대답할 대) / 心(마음 심) / 淸(맑을 청) / 閑(한가할 한)

不 對 心 淸 閑

악인이 선한 자를 꾸짖는 경우 선한 자는 도무지 대꾸하지 말아야 한다. 너무도 터무니없는 꾸지람이요 비방이기 때문에 대꾸할 가치조차 없다. 하지만 그런 꾸지람과 비방을 받을 경우, 욱하는 마음이 생겨 대들고 싶은 마음이 생기기 쉽다. 그래도 꼭 참고 대꾸하지 않아야 한다.

'부대심청한(不對心淸閑)'은 대꾸하지 않는 사람은 마음이 맑고 한가하다는 뜻이다. 반면에 꾸짖는 자는 마음이 끓어올라 그 뜨거운 것을 입으로 토해 낸다. 이쪽에서 계속 아무 대꾸도 하지 않으면 더욱 마음이 끓어올라 더 뜨거운 것을 입으로 토해 낸다. 그 입은 뜨거운 증기를 뿜어내는 주전자 주둥이와 같다.

그런데 사람이 하늘을 향해 침을 뱉으면 그 침이 도로 자기 얼굴로 떨어지는 것과 같이, 입으로 토해 낸 뜨거운 것들은 바로 자기 자신에게로 떨어지게 된다. 결국 꾸짖는 자만 화상을 입고 손해를 보게 된다.

짖는 개는 물지 않는다는 속담이 있듯이 터무니없는 꾸지람과 비방으로 짖어대는 사람이 있다고 하더라도, 결코 나를 물 수 없다는 확신을 가지고서 담대한 마음으로 입을 다물고 대꾸하지 않는 것이 낫다. 이런 경우는 대꾸하지 않는 것만이 자기 자신을 지키고 승리하는 길이다.

예수님도 비방하는 자들을 묵묵부답으로 대하신 경우가 많다. 빌라도 법정에서도 그런 태도를 보였다. "대제사장들과 장로들에게 고발을 당하되 아무 대답도 아니하시는지라 이에 빌라도가 이르되 그들이 너를 쳐서 얼마나 많은 것으로 증언하는지 듣지 못하느냐 하되 한 마디도 대답하지 아니하시니 총독이 크게 놀라워하더라"(마 27:12-14).

참된 사람이 되는 길

不忍非人 불인비인

不(아닐 불) / 忍(참을 인) / 非(아닐 비) / 人(사람 인)

不 忍 非 人

참지 못하면 사람이 아니라는 뜻이다. 자장(子張)이라는 자가 스승인 공자의 말씀을 듣고 그 말씀에 감복하여 외친 말이다. 다시 말해, 사람이라고 감히 말할 수 있는 자격을 갖추려면 마땅히 참을 줄 아는 자가 되어야 한다. '비인불인(非人不忍)'이라는 말도 자장이 했는데, 결국 같은 말이다.

그리고 그는 '난인난인(難忍難忍)'이라고 하여, 참는 일이 얼마나 어려운가도 토로했다. 참는 일이 어렵다는 말은 사람 되기가 쉽지 않다는 뜻이기도 하다.

자장이 공자에게 물었다. "스승님, 참지 않으면 어떻게 됩니까?" 공자가 대답했다. "천자가 참지 않으면 나라가 공허하게 되고, 제후가 참지 않으면 그 몸을 잃고, 벼슬아치가 참지 않으면 형법에 의해 죽게 되고, 형제가 참지 않으면 따로 살게 되고, 부부가 참지 않으면 자식들이 외롭게 되고, 친구끼리 참지 않으면 우정이 식고, 자신이 참지 않으면 근심이 떠나지 않게 된다."

여기서 천자와 제후, 벼슬아치에 해당하는 말은 요즘 대통령과 고위 공무원, 정치인들의 감정 조절뿐 아니라 부정부패와 관련이 있는 말이기도 하다. 즉, 나라를 다스리는 책임을 맡은 자가 분노와 사리사욕을 참지 않을 때, 나라와 본인 자신이 큰 어려움을 당하게 된다.

예수님은 체포당하는 현장에서 참지 못하고 칼을 뽑아 든 베드로에게 말씀하셨다. "이것까지 참으라"(눅 22:51).

허공처럼 자기를 비우면

我心等虛空 아심등허공

我(나 아) / 心(마음 심) / 等(가지런할 등) / 虛(빌 허) / 空(빌 공)

내 마음은 허공과 같도다. 이 문구는 마치 선문답(禪問答)에서 나오는 말과 같지만, 《명심보감》에서는 남에게서 욕설을 듣게 되는 경우와 관련 있는 말이다. 만약 남에게서 욕설을 듣게 되더라도 귀먹은 체하고 시비를 가려 말하지 말라고 했다. 그러면서 참으로 적절하고 인상 깊은 비유를 들고 있다. 불이 허공에서 타다가 끄지 않아도 저절로 꺼지는 것과 같이 남이 나에게 퍼붓는 욕은 한창 그 강도가 세어지다가 차츰 수그러들어 마침내는 사라지고 만다.

우리가 실생활에서 어떤 때에, 불이 허공에서 타다가 끄지 않아도 저절로 꺼지는 것을 볼 수 있는가? 여러 가지 경우가 있겠지만 제사의 소지(燒紙) 의식에서 잘 볼 수 있다. 종이에 불을 붙여 허공으로 불어 날리면 종이는 바람에 흔들리며 허공에서 타다가 일부러 끄지 않아도 저절로 꺼진다.

내 마음이 허공과 같다면 욕을 해대는 상대방의 입술과 혀는 허공 속에서 헛되이 까불고 있을 뿐이다. 그러므로 마음을 허공처럼 비우는 일이 선행되어야 한다. 허공처럼 비운다는 말은 한없이 낮아져서 겸손해지는 것을 의미한다.

빌립보서 2장 6절을 보면, 자기를 비운 예수에 관한 문구가 나온다. "오히려 자기를 비어 종의 형체를 가져 사람들과 같이 되었고." 자기를 비운 상태를 헬라어로 '케노시스'라고 한다. '케노시스'를 지향해야 하는 교회들이 자기를 채우는 방향으로 가고 있어 사회의 지탄을 받기도 한다. '아심등허공'은 바로 '케노시스' 상태와 일맥상통한다.

따뜻한 말 한마디가 그리운 사람들

凡事留人情 범사유인정

凡(모두 범) / 事(일 사) / 留(머무를 유) / 人(사람 인) / 情(정 정)

모든 일에 인정을 남겨 두라. 참으로 의미심장한 말이다. 사람이 살다 보면 여러 경우를 만나고 여러 사람을 만나게 된다. 갖가지 종류의 인간관계들이 맺어진다. 가족 관계, 친족 관계, 친구 관계, 이웃 관계, 동창 관계, 사업 관계 등등이 맺어진다. 신앙 공동체에서는 교우(敎友) 관계가 맺어진다.

어떤 일을 하는 가운데 지속적인 관계는 아니라 하더라도 얼마 동안 얼굴을 대하는 사람들도 있고, 우연히 길을 가다가 낯선 사람을 만나 잠시 어떤 사귐을 가질 수도 있다. 이런 모든 인간관계와 일들에서 인정을 남겨 두라는 것이다.

인정을 남겨 둔다는 말이 무슨 뜻인가? 자기만을 생각하는 이기적인 마음으로 야박하게 대하지 말고 상대방의 입장을 돌아보아 따뜻한 마음씨를 보이라는 말이다. 그것은 부부 관계에서도 예외는 아니다. 부부 관계는 으레 정으로 맺어진 관계이니까 인정을 남겨 둘 필요가 없을 거라고 생각하기 쉽다. 그런데 자칫 잘못하면 각자 상대방이 자기에게 잘해 주기를 바라는 마음만을 품는 가운데 다른 인간관계보다 더욱 이기적인 관계로 변질되기 쉽다.

아내에게 건네는 남편의 따뜻한 말 한마디, 남편에게 건네는 아내의 따뜻한 말 한마디가 가정 전체를 훈훈하게 해 줄 수도 있다. 미국의 유명한 조직 깡패 두목 니키는 지나가는 한 사람의 인정 어린 따뜻한 말 한마디에 변화되었다. "하나님은 당신을 사랑하십니다."

에베소서 4장 32절도 서로 친절을 베풀라고 한다. "서로 친절하게 하며 불쌍히 여기며 서로 용서하기를 하나님이 그리스도 안에서 너희를 용서하심과 같이 하라."

지혜로운 삶의 비결

切問近思 절문근사

切(깊을 절) / 問(물을 문) / 近(가까울 근) / 思(생각할 사)

'절문(切問)'은 간절히 묻는다는 뜻이다. 피상적으로 묻고 피상적인 대답을 듣는 것으로 만족하지 않고, 일이나 사물의 근본에 이르기까지 질문을 던지고 거기에 대한 대답을 얻어 내는 것을 의미한다. 《존재에의 용기》를 저술한 폴 틸리히의 용어를 빌리면, '궁극적인 관심'을 가지고 진지하게 묻고 고민하는 것이 '절문'인 셈이다.

'근사(近思)'는 자기 주변의 일들을 스스로 돌아보고 반성하는 것을 뜻한다. 남의 일이나 먼 데 있는 것들을 바라보고서 이러쿵저러쿵 하지 않고, 바로 자기 주변의 일들을 살펴보고 성찰하는 것이 '근사'이다.

이렇게 절문하고 근사하면 인(仁)이 그 속에 있다고 했다. 사람들이 간절한 마음으로 묻지 않기 때문에, 그리고 가까운 일상사들을 소홀히 다루며 돌아보지 않기 때문에 인(仁)에서 멀어져 참으로 어리석은 일들을 저지르게 된다.

어느 공무원이 뇌물을 받아 파면당하는 다른 공무원들을 옆에서 보면서도 '근사'하지 않으면, 자신도 같은 일로 어려움을 당할 수 있다. 이런 어리석음은 공무원만 저지르고 있는 것이 아니다. '근사'하기만 하면 얼마든지 멀리하고 피할 수 있는 일들을 우리는 얼마나 어리석게도 쉽게 반복하고 있는가.

예수님 공생애 시절, 수많은 사람이 예수에게로 와서 질문을 던졌다. 예수를 고발하려고 꼬투리를 잡기 위해 질문하는 바리새인들도 있었다. 하지만 자신을 돌아보며 간절한 마음으로 '절문근사' 하는 자들은 예수의 말씀에 감동하여 제자로 헌신했다.

"시몬 베드로가 이를 보고 예수의 무릎 아래에 엎드려 이르되 주여 나를 떠나소서 나는 죄인이로소이다 하니 … 예수께서 시몬에게 이르시되 무서워하지 말라 이제 후로는 네가 사람을 취하리라"(눅 5:8, 10).

5장

•

배움에 관하여

배우는 자의 지혜로움

學而智遠 학이지원

學(배울 학) / 而(말이을 이) / 智(슬기 지) / 遠(멀 원)

배워서 지혜가 넓어지고 깊어지는 단계가 '학이지원(學而智遠)'이다. 이런 단계는 상운(祥雲), 즉 상서로운 구름을 헤치고 푸른 하늘을 보는 것과 같고, 높은 산에 올라 사해(四海)를 바라보는 것과 같다. 그만큼 높은 경지에서 시야가 열린다는 의미이다.

그런데 배우지 않으면, 아무 재주도 없이 하늘에 오르려는 것과 같다. 이것은 장자가 한 말이지만, 공자도 '박학이독지(博學而篤志)', 널리 배우고 뜻을 굳게 하면서 '절문근사(切問近思)' 하면 인(仁)이 바로 거기에 있다고 했다.

《예기(禮記)》에서도, 사람이 배우지 않으면 의(義)를 알지 못한다고 했다. 그것은 마치 '옥불탁불성기(玉不琢不成器)', 옥을 다듬지 않으면 그릇을 이루지 못함과 같다. 강태공은 사람이 배우지 않으면 캄캄한 밤길을 가는 것과 같다고도 했다. 이렇게 많은 성현이 갖가지 표현을 동원하여 배움의 중요성을 강조했다.

배움의 목적은 깊은 지혜를 소유함으로써 의(義)와 인(仁)을 알고 인생(人生)에 대한 시야가 열리도록 하는 데 있다. 그런데 어떻게 된 일인지 요즘은 배우면 배울수록 지혜롭지 못한 인간으로 전락하여, 인의와는 거리가 먼 행동을 일삼고 참다운 인생의 맛을 모르고 살아가는 경우가 허다하다. 배움 자체가 목적이 되고 지식을 얻는 수단으로 변질되었다.

맹자도 학문하는 목적이 '잃어버린 마음'을 찾는 것이라고 했는데, 성경은 이 '잃어버린 마음'을 찾는 배움의 교재로서는 으뜸이다. "모든 성경은 하나님의 감동으로 된 것으로 교훈과 책망과 바르게 함과 의로 교육하기에 유익하니 이는 하나님의 사람으로 온전하게 하며 모든 선한 일을 행할 능력을 갖추게 하려 함이라"(딤후 3:16-17).

어떤 경우에도 배워야 한다

學如不及 학여불급

學(배울 학) / 如(같을 여) / 不(아닐 불) / 及(미칠 급)

학여불급(學如不及)은 《논어(論語)》에 나오는 말로서, 항상 부족한 듯이 배움에 임하라는 뜻이다. 더 이상 배울 것이 없다는 교만한 자세로는 학문에 진전이 있을 수 없다. 주리고 목마른 자처럼 갈급한 심정으로 배우기를 힘써야 한다.

주문공(朱文公)의 교훈에 의하면, 빈부의 조건도 배움의 길을 가로막을 수는 없다. 집이 가난하더라도 그 가난으로 인하여 배우는 일을 그만두어서는 안 되며, 집이 부유하더라도 그 부유함을 믿고 배우는 일을 게을리해서는 안 된다. 가난한 자라도 부지런히 배우기만 하면 입신(立身)할 수 있고, 부유한 자가 부지런히 배운다면 가문을 더욱 빛낼 수가 있다. 배움이란 몸의 보배요,

세상의 보배이다. '학즉내위군자(學則乃爲君子)', 배우면 군자가 되고, '불학즉위소인(不學則爲小人)', 배우지 않으면 소인이 된다.

휘종황제(徽宗皇帝)는 말하기를, 배운 사람은 벼와 같고 배우지 않은 사람은 쑥과 같다고 했다. 벼는 세상의 좋은 양식이 되지만, 쑥은 밭 갈고 김매는 사람들이 귀찮아하는 풀이다. 그러므로 배우지 않으면 훗날 담벼락에 막힌 듯 답답할 뿐이다. 뉘우쳐도 이미 늙어 버렸다.

당송팔대가의 한 사람인 한문공(韓文公)은 배워서 고금을 꿰뚫고 있지 않으면 마치 소와 말에 옷을 입혀 놓은 것과 같다고 했다. 소인 정도가 아니라 마소와 같은 짐승의 위치로 전락하고 만다는 것이다. 이와 같이 배우는 자와 배우지 않는 자의 차이는 천양지판이다.

무엇보다 예수를 배우는 일이야말로 삶의 성격을 바꾸게 된다. "나는 마음이 온유하고 겸손하니 나의 멍에를 메고 내게 배우라 그리하면 너희 마음이 쉼을 얻으리니 이는 내 멍에는 쉽고 내 짐은 가벼움이라 하시니라"(마 11:29-30). 예수를 배우면 마음에 쉼을 얻고 예수를 배우지 않으면 수고하고 무거운 짐을 지고 살게 된다고 하니, 예수를 배우는 일이 얼마나 중요한지 새삼 새기게 된다. 예수를 배울 때도 '학여불급'의 태도를 가지고 늘 갈급한 마음으로 임해야 할 것이다.

허물 중의 허물이 무엇인고

日月逝矣歲不我延 일월서의세불아연

日(날 일) / 月(달 월) / 逝(갈 서) / 矣(어조사 의) / 歲(세월 세) / 不(아닐 불) / 我(나 아) / 延(끌 연)

日 月 逝 矣 歲 不 我 延

날과 달은 지나가고 세월은 나를 위해 그 흐름을 늦추어주지 않는다는 뜻이다. 주자(朱子)가 학문을 권하면서 경고와도 같이 후학들에게 들려준 말이다. 이 문구는 도연명(陶淵明)이 역시 학문에 힘쓰기를 권하면서 한 말과 비슷하다.

'세월부대인(歲月不待人)', 세월은 사람을 기다려 주지 않는다고 했다. '소년이로학난성(少年易老學難成)', 소년은 늙기 쉽고 학문은 이루기가 어렵다는 유명한 구절 뒤에도 '일촌광음불가경(一寸光陰不可輕)', 아무리 짧은 시간이라도 소홀히 해서는 안 된다는 문구가 따른다.

이렇게 볼 때 학문을 이룬다는 것은 시간과의 싸움이다. '내일이 있으니 오늘 배우지 않아도 되겠지' 할 수 없으며, '내년이 있으니 올해 배우지 않아도 되겠지' 할 수 없는 법이다.

'성년부중래(盛年不重來)', 배우기에 좋은 나이는 두 번 오지 않는다. 세월이 얼마나 빨리 지나가는고 하니, 따뜻한 봄날 못가에 앉아 졸면서 꿈을 깨기도 전에 섬돌 앞 오동나무에서 벌써 가을 낙엽 떨어지는 소리가 들린다.

주자는 자신의 늙음을 이렇게 한탄했다. "오호라 늙었도다! 이것이 누구의 허물인고. 배우지 않고 세월을 그냥 흘려보내는 것, 이것이야말로 허물 중에서도 허물이로다."

전도서 3장 1절을 보면 "범사에 기한이 있고 천하만사가 다 때가 있나니"라고 했다. 그리고 여러 종류의 때를 열거했다. "날 때가 있고 죽을 때가 있으며 심을 때가 있고 심은 것을 뽑을 때가 있으며 죽일 때가 있고 치료할 때가 있으며 헐 때가 있고 세울 때가 있으며"(전 3:2-3).

또한 배울 때가 있고 배우지 못할 때가 있다. 때를 따라 세월을 아끼며 살아가면 '일월서의세불아연(日月逝矣歲不我延)' 하며 한탄하지 않아도 될 것이다.

책 읽는 일의 중요성

讀書起家之本 독서기가지본

讀(읽을 독) / 書(글 서) / 起(일으킬 기) / 家(집 가) / 之(의 지) / 本(근본 본)

글을 읽는 것이 집을 일으키는 근본이라는 뜻이다. 옛날에는 중국이든 조선이든 과거(科擧) 제도를 통해 벼슬자리에 오르고 출세를 했다. 과거 제도라는 것은 곧 문장력 시험이라 해도 과언이 아니다. 문장력을 키우기 위해서는 어릴 적부터 《사서삼경》을 비롯한 동서고금의 무수한 책들을 읽고 외어야만 했다.

그런데 요즘 논술 고사니 뭐니 하면서 옛날의 과거 제도가 되살아나는 느낌이다. 논술력을 키우는 것은 하루아침에 될 일이 아니다. 마치 과거 준비를 하듯이 어릴 적부터 다양한 독서를 하고 열심히 글을 써 보는 수밖에 달리 왕도가 없다. 논술 고사를 잘 봐야 대학에 들어갈 수 있고, 대학에 들어가야 이 사회에서 뭔가 출세할 수 있는 이런 풍토 속에서는 그야말로 글을 읽는 것이 집을 일으키는 근본이 되지 않을 수 없다.

이렇게 일으킨 집안을 보존하는 근본은 순리(順理), 즉 도리를 따르는 것이라고 했다. 양심의 도리와 사회 규범을 잘 따르고 무리한 일을 저지르지 않으면 대개 집안은 보존되기 마련이다. 그리고 집안을 다스리는 근본은 '근검(勤儉)'이라고 했다. 또한 집안 사람들을 사이좋게 만드는 근본은 '화순(和順)', 즉 온화하고 유순한 성품이라고 했다.

이와 같이 독서, 순리, 근검, 화순이 한 집안의 흥망성쇠를 좌우하는 기본 덕목이다.

바울은 감옥에 갇혀서도 책 읽는 일을 게을리하지 않았다. "네가 올 때에 내가 드로아 가보의 집에 둔 겉옷을 가지고 오고 또 책은 특별히 가죽 종이에 쓴 것을 가져오라"(딤후 4:13).

새벽의 맑은 기운을 얻어야

一日之計在於寅 일일지계재어인

一(한 일) / 日(날 일) / 之(의 지) / 計(꾀 계) / 在(있을 재) / 於(어조사 어) / 寅(셋째 지지 인)

'인(寅)'은 시간을 뜻할 때는 새벽 세 시에서 다섯 시 사이를 가리킨다. 그러므로 위 문구는 하루의 계획은 새벽에 있다는 말이다. 이는 공자가 말한 '삼계도(三計圖)' 중의 하나이다. 삼계도란 일생의 계획, 1년의 계획, 하루의 계획을 세우는 것에 대한 교훈을 의미한다.

'일생지계재어유(一生之計在於幼)'라 하여 일생의 계획은 어릴 적에 있다고 했고, '일년지계재어춘(一年之計在於春)'이라 하여 1년의 계획은 봄에 있다고 했다. 그다음이 '일일지계재어인(一日之計在於寅)'이다.

어려서 배우지 않으면 늙어서 아는 것이 없고, 봄에 밭 갈지 않으면 가을에 바랄 것이 없으며, 새벽에 일어나지 않으면 그날에 한 일이 없을 거라고 했다.

시간과 세월은 흐르는 물과 같고, 계획은 흐르는 물속에서 뭔가 건지려고 쳐 놓는 그물과도 같다. 그런데 그물이 없거나 구멍이 숭숭 뚫려 있으면, 시간과 세월은 속절없이 흘러갈 뿐이다.

하루의 계획을 세우는 데 새벽 시간은 참으로 중요한 역할을 한다. 새벽은 천지에 맑은 기운이 운행하는 시간이므로, 그 기운을 잘 활용하면 몸과 정신이 상쾌해져서 분별력이 생기고 좋은 계획들을 세울 수 있게 된다. 조금만 더 자자, 조금만 더 자자 하다가는 하루를 흐리멍덩한 상태로 시작할 수밖에 없어 결과적으로 뚜렷하게 한 일이 없기 마련이다.

시편 저자도 새벽에 주의 말씀을 묵상한다고 했다. "내가 나의 침상에서 주를 기억하며 새벽에 주의 말씀을 작은 소리로 읊조릴 때에 하오리니"(시 63:6).

예수님도 새벽에 홀로 기도하며 하루의 계획을 세우셨다. "새벽 아직도 밝기 전에 예수께서 일어나 나가 한적한 곳으로 가사 거기서 기도하시더니"(마 1:35)

정치판 철새가 되어서야

忠臣不事二君 충신불사이군

忠(충성 충) / 臣(신하 신) / 不(아닐 불) / 事(섬길 사) / 二(두 이) / 君(임금 군)

忠 臣 不 事 二 君

"충신은 두 임금을 섬기지 않는다." 중국 전국 시대 제(齊) 나라 사람인 왕촉이 한 말이다. 연(燕) 나라 군대가 쳐들어와 성이 함락되자, 왕촉은 항복 권유를 물리치고 두 임금을 섬길 수 없다면서 스스로 목을 매어 자결했다. 자기가 평소에 강조하던 말을 목숨 바쳐 실천해 보인 인물이었다.

사실, 전국 시대는 신하가 한 사람의 임금만을 섬기지 않아도 되는 시대였다. 소진(蘇秦) 같은 유세가는 이 나라에서 재상을 지내다가 다른 나라로 가서 또 재상을 지내기도 했다. 자기 마음에 들지 않고 자기가 제시하는 정책을 받아들이지 않으면, 섬기던 임금을 떠나 다른 나라로 가서 다른 임금을 섬기는 것이

다반사로 행해지던 전국 시대였다.

그런 시대 분위기에서 왕촉은 어쩌면 고지식하고 시대착오적인 인물이었는지 모른다. 그와 비슷한 인물로 대시인 굴원(屈原)을 들 수 있다. 〈초사(楚辭)〉를 비롯해 그가 쓴 대부분의 시는 자기를 버린 임금에 대한 그리움으로 점철되어 있다. 임금이 자기를 버렸으면 자기도 임금을 버리고 다른 나라로 가서 크게 대접받으며 살 수 있었는데 말이다.

사람들이 자기 편한 대로 왔다 갔다 하며 지조를 싼값에 팔아 버리는 그 시대에서 왕촉과 굴원은 마음의 중심을 지킨 인물로 지금까지 추앙을 받고 있다. 뜨내기 철새가 많은 우리 정치 풍토와 비교되는 구절인 셈이다.

예수님도 두 주인을 함께 섬길 수 없다고 하셨다. "집 하인이 두 주인을 섬길 수 없나니 혹 이를 미워하고 저를 사랑하거나 혹 이를 중히 여기고 저를 경히 여길 것임이니라 너희는 하나님과 재물을 겸하여 섬길 수 없느니라"(눅 16:13).

6장

•

자녀 교육에 관하여

손님이 드나드는 집안의 아름다움

賓客不來門戶俗 빈객불래문호속

賓(손 빈) / 客(손 객) / 不(아닐 불) / 來(올 래) / 門(문 문) / 戶(집 호) / 俗(속될 속)

賓 客 不 來 門 戶 俗

손님이 오지 않으면 집안이 저속해진다는 뜻이다. 집에 손님이 오지 않는다는 것은 그 집에 뭔가 문제가 있다는 것을 의미한다. 일가친척들에 대해 너무 인색해서 일가친척들이 발길을 끊었을 수도 있고, 사회적으로 지탄받을 짓을 해서 사람들이 그 집 방문하는 자체를 부끄럽게 여기며 꺼릴 수도 있다. 아니면, 집안 사람들이 비사교적이어서 다른 사람들과의 교제를 기피하기 때문에 자연히 손님이 없을 수도 있다. 점점 핵가족들이 늘어 가고 있는 요즘, 손님들이 집안을 드나드는 아름다운 모습들이 사라져 가고 있는 느낌이다.

어떤 이유에서든 손님이 오지 않는다는 것은 이웃이나 사회에서 소외되고 있다는 증거이므로 좋지 않은 현상이다. 물론 여기서 말하는 손님은 불한당과 같은 그런 사람들이 아니라 기본적으로 덕성을 갖춘 점잖은 사람들을 가리킨다.

이런 손님들이 집안을 드나들 때 무엇보다 자녀들이 좋은 영향력을 받게 된다. 부모가 어떻게 사람들과 사귐을 가지는가 하는 것을 배우게 되며, 손님들이 건네는 한마디 한마디가 인생을 살아가는 데 지침이 되기도 한다.

'빈객불래문호속(賓客不來門戶俗)' 다음에 '시서무교자손우(詩書無敎子孫愚)'라는 문구가 이어지는데, 시서(詩書)를 가르치지 않으면 자손들이 어리석어진다는 뜻이다. 시서를 가르치는 집안은 자연히 좋은 손님들이 많이 드나든다.

성경은 손님 대접을 반복해서 강조하고 있다. "손님 대접하기를 잊지 말라 이로써 부지중에 천사들을 대접한 이들이 있었느니라"(히 13:2).

하루에 15분이라도

事雖小不作不成 사수소부작불성

事(일 사) / 雖(비록 수) / 小(작을 소) / 不(아닐 불) / 作(지을 작) / 不(아닐 불) / 成(이룰 성)

事 雖 小 不 作 不 成

비록 작은 일이더라도, 하지 않으면 이루지 못한다. 하찮고 보잘것없는 일이라고 해서 그냥 내버려둔다면 그 상태 그대로 있을 것이다. 그렇게 되면 처음에는 작은 일에 불과한 것이 차츰 감당할 수 없을 만큼의 큰일이 되는 수도 있다.

여기에 정원이 있다고 하자. 잡초가 많이 자라 있지 않을 때는 '저 잡초쯤이야 언제라도 조금 시간을 내어 뽑으면 되겠지' 하면서 정작 뽑지 않는다. 그런데 며칠 지난 후에 보면 조금 시간을 내어서는 다 뽑을 수 없을 만큼 잡초들이 무성하게 자라 있기 십상이다. 그러나 이런 경우에라도 하루에 15분이나마 시간을 내어 잡초를 조금씩 뽑으면 어느새 다 뽑을 수도 있다.

일이 작든 크든 '시작'을 하는 것이 중요하다. 어떤 사람은 출퇴근 시에 지하철을 타고 가는 동안에 외국어 단어와 문법을 매일 조금씩 익히기로 했다. 얼핏 보기에는 참으로 작고 보잘것없지만, 그것을 실천에 옮기고서 몇 년 후 그는 5개 국어에 능통한 사람이 되었다. 작은 일이라도 시작을 하느냐 하지 않느냐에 따라 이렇게 엄청난 차이가 생기는 법이다.

자식을 가르치는 일도 마찬가지이다. 일상생활에서 작은 것부터 가르치지 않으면 비록 자식이 태어날 때부터 영리하더라도 사리에 밝은 명철한 인물이 될 수 없다.

예수님도 작은 일에 충성할 것을 강조하셨다. "지극히 작은 것에 충성된 자는 큰 것에도 충성되고 지극히 작은 것에 불의한 자는 큰 것에도 불의하니라"(눅 16:10).

이 세상에서 가장 소중한 일

至要莫如教子 지요막여교자

至(지극할지) / 要(구할 요) / 莫(없을 막) / 如(같을 여) / 教(가르칠 교) / 子(자식 자)

至 要 莫 如 教 子

이 문구를 직역하면, '지극히 필요한 것은 자식을 가르치는 것만 같음이 없다'가 된다. 다시 말해, 자식을 가르치는 것만큼 이 세상에 중요한 것은 없다는 뜻이다. 그런데 그 앞 구절을 보면, '지락막여독서(至樂莫如讀書)', 책을 읽는 것만큼 이 세상에서 즐거운 것은 없다고 했다.

여기서 우리는 자식을 가르치는 내용과 목표가 어떠해야 하는지를 알 수 있다. 자식으로 하여금, 책을 읽는 것이야말로 이 세상에서 가장 즐거운 일이라는 사실을 깨닫게 한다면 자식을 다 가르쳤다고 해도 과언이 아니다. 자식이 책 읽는 즐거움을 안다면 그는 얼마든지 스스로 성장해 나갈 수 있기 때문이다.

《한서(漢書)》를 보면, 황금이 상자에 가득 차 있다 해도 자식에게 경서(經書) 한 권을 가르치는 것만 같지 못하고, 자식에게 천금을 물려준다 해도 기술 한 가지를 가르치는 것만 같지 못하다고 했다. 자식들이 책 읽는 즐거움을 알고 세상을 살아가는 기술을 익혀 자기 것으로 삼도록 해 주는 일이야말로 그 어떤 재물을 물려주는 것보다 값지다.

자녀들의 대학 입시 문제로 전국 학부모들이 애를 태우고 있는데, 자식들에게 진정 무엇을 가르쳐야 할 것인가 다시 한번 성찰해 보는 학부모들이 되었으면 한다.

잠언은 부모가 자식에게 무엇을 가르쳐야 하는지에 관한 문제를 주요하게 다루고 있다. "아들들아 아비의 훈계를 들으며 명철을 얻기에 주의하라 내가 선한 도리를 너희에게 전하노니 내 법을 떠나지 말라"(잠 4:1-2), "내 아들아 내 지혜에 주의하며 내 명철에 네 귀를 기울여서 근신을 지키며 네 입술로 지식을 지키도록 하라"(잠 5:1-2).

아이들은 사랑의 매로 때려야

憐兒多與棒 연아다여봉

憐(불쌍히 여길 연) / 兒(아이 아) / 多(많을 다) / 與(줄 여) / 棒(몽둥이 봉)

여기서 불쌍히 여긴다는 말은 사랑한다는 뜻으로 풀이하는 것이 좋겠다. 아이를 사랑하거든 매를 많이 주어라. 매를 많이 주라는 것은 물론 매를 많이 때리라는 말이다.

요즘 가정이나 학교에서 체벌 문제를 놓고 의견들이 분분하다. 아이들에게 매를 때려서는 안 된다는 방향으로 기울어지는 추세이다. 인격적인 대화를 통해 아이들을 감화시키는 것이 가장 좋은 길임은 두말할 나위가 없다. 그러나 간혹 아이들에게 인격적인 대화가 통하지 않을 때가 있다. 매가 필요할 때도 있다.

잠언 22장 15절을 보면, “아이의 마음에는 미련한 것이 얽혔으나 징계하는 채찍이 이를 멀리 쫓아내리라”라고 했다. 마음에 얼키설키 엉켜 있는 미련은 일상적인 말로써는 쫓아내기 힘들고 징계의 채찍을 들어야 쫓아낼 수 있는 법이다.

잠언 23장 13–14절에서도, “아이를 훈계하지 아니하려고 하지 말라. 채찍으로 그를 때릴지라도 그가 죽지 아니하리라. 네가 그를 채찍으로 때리면 그의 영혼을 스올에서 구원하리라”라고 했다. 필요한 만큼 때려서라도 비뚜로 나가고 있는 자식을 바르게 세우라고 강력하게 권면하고 있다.

‘연아다여봉’ 다음 구절이 ‘증아다여식(憎兒多與食)’이다. 아이를 미워하거든 먹을 것을 많이 주라고 했다. 매를 때려도 말을 듣지 않고 비뚤어진 길을 가는 아이는 그냥 음식이나 주면서 내버려둘 수밖에 없다.

아버지의 권위 회복을 위하여

嚴父出孝子 엄부출효자

嚴(엄할 엄) / 父(아비 부) / 出(날 출) / 孝(효도 효)/ 子(아들 자)

엄한 아버지는 효자를 길러 낸다. 이 구절 다음에 '엄모출효녀(嚴母出孝女)'라는 문구가 이어지는 것은 당연하다. 앞에서 살펴본 '연아다여봉(憐兒多與棒)'과 연결하여 생각할 때, 엄한 아버지는 자녀의 올바른 성장을 위해 매를 들 줄 아는 아버지라 할 수 있다.

엄한 아버지가 되는 것은 쉬운 일이 아니다. 그냥 자녀들 앞에서 무서운 표정을 짓는다고 엄부가 되는 것이 아니다. 더군다나 무조건 매를 들고 때리기만 한다고 엄부가 되는 것도 아님은 두말할 나위가 없다.

진정으로 자녀들을 위해 매를 들 줄 아는 엄부가 되기 위해서는 무엇보다 아버지로서 도덕적인 권위가 있어야 한다. 아버지가 집 바깥에서 도덕적으로 떳떳하지 못한 행동을 하면서 집 안에 들어와 엄부 행세를 하려고 드는 것은 가당치 않은 일이다. 공직을 이용하여 부정 축재를 일삼는 아버지는 자녀들에게 정직하게 살라고 훈계할 자격이 없다.

이렇게 볼 때 요즘 아버지들은 아버지로서의 자격을 상실해 가고 있는 실정이다. 가정의 권위가 무너짐으로써 학교나 국가의 권위도 무너지고, 아이들은 점점 방종으로 치우치고 있다. 무엇보다 엄부로서 권위를 세워 가정을 보존해 나갈 책임이 아버지들에게 요망되고 있다. "또 아비들아 너희 자녀를 노엽게 하지 말고 오직 주의 교훈과 훈계로 양육하라"(엡 6:4).

보석과도 같은 어진 자손들

我愛子孫賢 아애자손현

我(나 아) / 愛(사랑할 애) / 子(자식 자) / 孫(자손 손) / 賢(어질 현)

여자들이 보석을 자랑하는 자리에서 자기 자식들을 보석으로 소개하며 자랑한 어머니 이야기는 유명하다. 그 어머니 이야기는 서양에서 건너온 것이다. 그런데 《명심보감》을 보면 바로 그 어머니의 마음을 그대로 대변해 주고 있는 문구가 있다. '인개애주옥(人皆愛珠玉), 아애자손현(我愛子孫賢)'이 바로 그 구절이다.

다른 사람들은 모두 주옥과 같은 보석들을 사랑하지만 나는 자손들이 어진 것을 사랑한다는 뜻이다. 어진 자손들을 자신의 주옥이요 보석으로 여긴다는 말이다. 사실 수천억 원짜리 보석으로도 어진 자손 하나를 살 수 없는 노릇이다.

북송(北宋) 시대 학자 여영공(呂榮公)은 자손이 어진 인물로 성공하기 위해서는 안으로는 어진 부형(父兄)이 있어야 하고 밖으로는 엄한 사우(師友)가 있어야 한다고 했다. 강태공은 남자가 가르침을 제대로 받지 못하면 반드시 미련하고 어리석게 되며, 여자가 가르침을 제대로 받지 못하면 반드시 거칠고 솜씨가 없게 된다고 했다.

《명심보감》의 또 다른 문구를 보면, 남자가 자라면서 특히 경계해야 할 것은 풍류와 술에 빠지는 습관이라고 했다. 그리고 여자가 자라면서 경계해야 할 것은 쓸데없이 어울려 놀러 다니는 일이라고 했다. 남자든 여자든 세월을 허비하는 것을 경계한 셈이다.

갖가지 유혹이 많은 이 악한 때에 세월을 아끼는 어진 자손들이야말로 어떤 보석들보다 값진 것이라 아니할 수 없다. "그런즉 너희가 어떻게 행할지를 자세히 주의하여 지혜 없는 자같이 하지 말고 오직 지혜 있는 자같이 하여 세월을 아끼라 때가 악하니라"(엡 5:15–16).

7장

마음 살핌에 관하여

쓰고 써도 다함이 없는 것

忠孝享之無窮 충효형지무궁

忠(충성 충) / 孝(효도 효) / 享(누릴 형) / 之(이것 지) / 無(없을 무) / 窮(다할 궁)

忠 孝 享 之 無 窮

《경행록》에 나오는 문구로, 이 구절 앞에는 '보화용지유진(寶貨用之有盡)'이라는 문구가 있다. 보화라는 것은 쓰면 다함이 있다는 말이다. 아무리 많은 돈도 여기 쓰고 저기 쓰고 나면 바닥이 나는 법이다.

잠언 23장 5절도 "네가 어찌 허무한 것에 주목하겠느냐 정녕히 재물은 날개를 내어 하늘에 나는 독수리처럼 날아가리라"라고 했다. 독수리는 참으로 빨리 나는 새인데 독수리처럼 날아간다고 했으니, 재물이 한번 없어지기 시작하면 얼마나 빠른 속도로 없어지고 마는가를 잘 알 수 있다.

이 구절과 대조적인 문구가 '충효형지무궁(忠孝亨之無窮)'이다. 나라에 충성하는 마음과 부모에게 효도하는 마음은 누림이 다함이 없다는 뜻이다. 충성하면 할수록, 효도하면 할수록 그런 마음은 속에서 계속 우러나와 더욱 풍성해진다는 것이다. 이와 같이 정신적으로 가치 있는 것들은 아무리 퍼내어 써도 다함이 없는 법이다.

하루야마 시게오의 《뇌내혁명》에서도 좋은 마음으로 희생하고 사랑하게 되면 뇌에서도 행복 호르몬인 엔도르핀이 계속 분비된다고 했다. 하지만 이기적인 마음으로 행하면 뇌에서 일시적으로 쾌락 호르몬이 분비되다가도 곧이어 반대급부로 불쾌 호르몬이 분비된다.

바울은 갈라디아서 5장 22절 이하에서 성령의 아홉 가지 열매를 열거하면서 "이 같은 것을 금지할 법이 없느니라"라고 했다. "이 같은 것을 금지할 법이 없다"라는 말은 성령의 열매를 맺으면 맺을수록 더욱 넘치게 맺어지게 된다는 뜻이다.

이 시대의 시급한 문제

家和貧也好 가화빈야호

家(집 가) / 和(화합할 화) / 貧(가난할 빈) / 也(어조사 야) / 好(좋을 호)

집이 화목하면 가난해도 좋다는 뜻이다. 아무리 부자이더라도 그 재물이 의롭지 않다면 무슨 소용이 있으며, 아무리 부자이더라도 가정이 화목하지 않으면 무슨 소용이 있겠는가. 가화만사성(家和萬事成)이라는 상식적인 문구가 있지만, 사실 집안의 화목만큼 중요한 것도 없다. 가정의 화목은 가난을 이기고 역경을 이기는 원동력이 된다.

아버지가 근심하지 않음은 자식이 효도하기 때문이요, 남편이 번뇌하지 않음은 아내가 어질기 때문이라고 했다. 여기서 효성스러운 자식과 어진 아내야말로 가정의 화목을 이루는 기초가 됨을 알 수 있다.

물론 아버지는 아버지로서 지켜야 할 의무와 갖추어야 할 품성이 있음은 두말할 나위가 없다. 가족의 성원 중 어느 일부가 비뚜로 나간다고 하더라도 다른 성원들이 인내하면서 자기 위치를 잘 지키면 언젠가 가정의 화목은 회복되게 마련이다. 네가 그러면 나도 그러겠다는 식으로 나가면 가정은 회복되기 힘들다. 가정의 화목이 깨어지면 사회와 국가의 발전이나 번영을 기대하기도 어렵다.

잠언 21장 9절과 19절도 가정의 화목이 어떤 것보다 중요함을 강조하고 있다. “다투는 여인과 함께 큰 집에서 사는 것보다 움막에서 사는 것이 나으니라”, “다투며 성내는 여인과 함께 사는 것보다 광야에서 사는 것이 나으니라.”

국가 시책을 세우는 정치 지도자들은 가정 문제에 깊은 관심을 기울여야 할 것이다. 교육자나 목회자들도 학생과 교인들을 다룰 때 늘 가정 문제를 염두에 두어야 할 것이다. 이 시대에 여러 가지 운동들이 필요하지만 무엇보다 가정 바로 세우기 운동, 가정 화목 운동이 절실히 요구된다.

미리 최악의 상태를 대비하면

得寵思辱 득총사욕

得(얻을 득) / 寵(괼 총) / 思(생각할 사) / 辱(욕 욕)

사랑을 받으면 욕됨을 생각하라. 즉, 사랑을 받고 있을 때, 버림받고 욕을 당하게 될 날이 올 것을 생각하고 대비하라는 말이다.

중국 고사성어 중에 '색쇠애이(色衰愛弛)'라는 문구가 있다. 아름다움이 시들어지면 사랑도 식는다는 뜻이다. 원래 여자에게 해당하는 말이지만, 넓은 의미로는 남자에게도 해당하는 말이다. 지도자에게 온갖 충성을 다 바쳐 사랑을 받고 있다가 상황 변화에 따라 토사구팽당하는 경우도 '색쇠애이'라 할 수 있다.

《명심보감》의 '성심편(省心篇)'에 '득총사욕(得寵思辱)'과 비슷한 문구들이 자주 나온다. '득총사욕' 바로 뒤에도 '거안려위(居安慮危)'라는 구절이 나온다. 편안하게 거할 때도 위태함을 생각하라는 뜻이다.

특히 부실 공사가 심한 작금의 상황에서 정말이지 언제 무슨 일을 당할지 알 수 없는 형편이다. 편안히 저녁밥을 먹고 있을 때 도시가스가 폭발할지도 모르고, 아파트가 무너질지도 모른다. 이런 극단적인 위험을 생각하며 불안에 떨 필요는 없지만, 편안할 때 그 편안함에 빠져서 무사안일해지지 말고 위태로운 상황이 닥칠 수도 있음을 염두에 두고 대비해야 할 것이다.

창세기 41장을 보면, 요셉 총리가 풍년에 토지 소출이 심히 많을 때 흉년을 대비하여 곡물을 거두어 각 성에 저장해 둔다. "일곱 해 풍년에 토지 소출이 심히 많은지라 요셉이 애굽 땅에 있는 그 칠 년 곡물을 거두어 각 성에 저장하되 각 성읍 주위의 밭의 곡물을 그 성읍 중에 쌓아 두매 쌓아 둔 곡식이 바다 모래같이 심히 많아 세기를 그쳤으니 그 수가 한이 없음이었더라"(창 41:47-49). 그야말로 '득총사욕', '거안려위'의 태도이다.

정욕적인 사랑의 폐해

甚愛必甚費 심애필심비

甚(심할 심) / 愛(사랑할 애) / 必(반드시 필) / 甚(심할 심) / 費(쓸 비)

사랑함이 심하면 반드시 심한 소모(消耗)를 가져온다. 사랑의 종류를 아가페와 에로스 등등으로 나누는데, 여기서는 물론 에로스적인 사랑을 가리킨다.

《작은 아씨들》의 작가 루이자 메이 올컷(Louisa May Alcott)은 《치명적인 사랑》이라는 책도 썼다. 원제목을 직역하면 '지독한 사랑'인데, 지독한 사랑은 지독한 소모를 가져오므로, 곧 치명적인 사랑이 되는 것은 뻔한 이치이다.

지독한 사랑이건 치명적인 사랑이건 사람들은 '이런 사랑 한 번 해 봤으면…' 하고 은근히 바라고들 있다. 그래서 《메디슨 카

운티의 다리》 같은 책이 베스트셀러가 되었는지도 모른다. 하지만 그런 사랑은 정욕적이고 이기적인 것에 불과하다. 결국 정신적인 에너지를 쓸데없이 소모하게 되어 영혼의 상처로 남게 된다.

중국의 역사를 보면 황제가 어느 아리따운 여자를 사랑함이 지나치면 황제의 정신력이 소모될 대로 소모되어 나라 전체가 황폐하게 된다. 그러나 차원 높은 진정한 의미의 사랑은 하면 할수록 더욱 풍성하게 솟아난다. 스스로 생명을 얻고 다른 사람으로 생명을 얻게 하는 사랑인 셈이다.

에로스 사랑과 아가페 사랑을 요한복음 4장 13-14절로 비교해 볼 수도 있겠다. "이 물을 마시는 자마다 다시 목마르려니와 내가 주는 물을 먹는 자는 영원히 목마르지 아니하리니 나의 주는 물은 그 속에서 영생하도록 솟아나는 샘물이 되리라." 다시 목마르게 되는 사랑은 에로스 사랑이고, 영원히 목마르지 않는 사랑은 아가페 사랑이다.

뇌물을 받은 만큼 망한다

甚贓必甚亡 심장필심망

甚(심할 심) / 贓(뇌물 받을 장) / 必(반드시 필) / 甚(심할 심) / 亡(망할 망)

앞에서 '심애필심비(甚愛必甚費)', 사랑함이 심하면 반드시 심한 소모를 가져온다는 구절을 살펴보았다. 그 구절과 비슷한 구조의 문구들이 계속 이어지는데, 그것들을 하나씩 음미해 보는 것이 좋겠다.

'심예필심훼(甚譽必甚毁)'는 명예를 누리는 것이 심하면 반드시 심하게 명예가 훼손당한다는 뜻이다. 명예를 누리는 것이 심하다는 말은 자기 분수에 맞지 않은 명예를 다른 사람들이 안겨주든가 자기 스스로 억지로 차지하는 것을 의미한다. 명예를 누리려 함이 심했던 몇몇 전직 대통령들이 한결같이 명예가 심하게 훼손된 것을 볼 때, 이 구절이 새삼 마음에 와닿는다.

그다음 '심희필심우(甚喜必甚憂)'는 기뻐함이 심하면 반드시 심한 근심을 가져온다는 뜻이다. 기뻐해야 할 일이 생겼으면 기뻐하는 것은 당연하다. 그러나 호사다마(好事多魔)라고, 좋은 일 뒤에는 나쁜 일도 따라올 수 있으므로 기쁨에 너무 도취하지 말고 절제할 필요가 있다.

마지막으로 '심장필심망(甚贓必甚亡)'은 뇌물을 받음이 심하면 반드시 심한 멸망을 초래한다는 뜻이다. 여기에 대해서는 더 이상 언급할 필요조차 없겠다. 연일 신문 정치면과 사회면에 이 구절을 확증해 주는 기사들로 가득 차 있으니 말이다.

특히 잠언 29장 4절은 왕이 뇌물을 멀리할 것을 경고하고 있다. "왕은 정의로 나라를 견고하게 하나 뇌물을 억지로 내게 하는 자는 나라를 멸망시키느니라."

재벌들의 사회적인 책임

利重害深 이중해심

利(이익 이) / 重(무거울 중) / 害(손해 해) / 深(깊을 심)

《명심보감》의 '성심편'은 문자 그대로 자기 마음을 살피는 일과 관련된 교훈들로 채워져 있다. 무엇보다 모든 일이 순조롭게 잘 진행되어 칭찬과 기쁨이 있고, 명예와 부가 있을 때 주의하라는 권면을 되풀이해서 강조하고 있다.

'이중해심(利重害深)'은 이익이 무거우면 해도 깊다는 뜻이다. 이익을 많이 보고 있을 때 주의하라는 말이다. 도저히 망할 것 같지 않은 재벌들도 망하는 것을 종종 보게 되는데, 한 재벌이 망하면 그 해로움의 여파가 심각하기에 그지없다. 부도 액수도 엄청나고 그 재벌 회사와 연관된 중소기업들도 무더기로 넘어지고, 수천수만 명 종업원들은 한순간에 실직자로 전락하여 거리를 방황하게 된다. 그러므로 이익을 많이 보고 있는 재벌들일수록 사회적인 책임을 느끼고 매사에 조심하고 주의해야 한다.

'이중해심'은 한 개인에게도 그대로 적용되는 말이다. 여기저기서 돈이 많이 들어와 이전보다 수입이 많아졌다고 하여 해이해지고, 씀씀이가 헤퍼지고, 허랑방탕하게 되면, 물질적인 손해뿐만 아니라 건강의 손해도 크게 입게 된다. 그런 사람에게는 수입이 많아진 것이 오히려 화근(禍根)이 되는 셈이다.

아무쪼록 이사야의 경고를 새겨들어야 한다. "가옥에 가옥을 이으며 전토에 전토를 더하여 빈틈이 없도록 하고 이 땅 가운데에서 홀로 거주하려 하는 자들은 화 있을진저"(사 5:8).

영예를 적게 누린 사람일수록

榮輕辱淺 영경욕천

榮(영화 영) / 輕(가벼울 경) / 辱(욕 욕) / 淺(얕을 천)

영화가 가벼우면 욕됨도 얕다. 이 구절은 앞에서 살펴본 '심예필심훼(甚譽必甚毁)', 영예가 심하면 반드시 그 훼손됨도 심하다는 문구와 대조된다.

면사무소에서 공무원으로 일하다가 부정을 저질러 파면을 당하면, 그 수치는 그 면을 중심으로 몇몇 면에만 알려지고 그치게 마련이다. 그런데 군청에서 일하다가 같은 수치를 당하면 군 전체에 알려지게 된다. 물론 면이나 군청에서 어떤 지위에 있었느냐에 따라 그 수치의 경중과 범위도 달라질 터이다. 군수, 시장, 도지사, 장관, 대통령, 이런 식으로 올라가면 올라갈수록 그 당하는 수치는 점점 확대된다.

공자가 말하길, "높은 낭떠러지를 보지 않으면 무엇으로 굴러떨어지는 환난을 알며, 깊은 못에 가지 않으면 무엇으로 빠져 죽는 환난을 알며, 큰 바다를 보지 않으면 무엇으로 풍파의 환난을 알겠느냐"라고 했다. 이 비유 역시, 큰 영예를 얻을수록 당하는 수치도 크다는 말이다.

반대로 '영경욕천(榮輕辱淺)' 원리에 의하면 영예를 적게 누린 사람일수록 형벌도 적고 수치도 적게 당한다. 그렇다고 영예를 적게 누리라는 것은 아니다. 영예를 적게 누리든 많이 누리든 영예에 걸맞는 의무와 책임을 다하는 것이 중요하다.

예수님도 달란트 비유를 통해 받은 만큼 그 받은 바를 잘 활용해야 할 책임이 있다고 말씀하셨다. 한 달란트 받은 자가 이를 제대로 활용하지 못하고 숨겨두었던 한 달란트만 달랑 가지고 오자 예수님께서 책망하셨다. "그 주인이 대답하여 이르되 악하고 게으른 종아 나는 심지 않은 데서 거두고 헤치지 않은 데서 모으는 줄로 네가 알았느냐 그러면 네가 마땅히 내 돈을 취리하는 자들에게나 맡겼다가 내가 돌아와서 내 원금과 이자를 받게 하였을 것이니라"(마 25:26-27).

밝은 거울 같은 과거

往者所以知今 왕자소이지금

往(옛 왕) / 者(놈 자) / 所(바 소) / 以(써 이) / 知(알 지) / 今(이제 금)

往 者 所 以 知 今

'옛 왕(往)'은 이미 지나간 일을 의미한다. 지나간 과거를 통해 현재를 알 수 있다는 뜻이다. 이 문구는 공자가 한 말이다. 그런데 이 문구 앞에 '명경소이찰형(明鏡所以察形)'이라는 구절이 있다. 밝은 거울을 가지고 형상을 살핀다는 뜻이다.

여기서 밝은 거울은 지나간 과거에 비유되고 있다. 현재의 상황은 뭐가 뭔지 미처 정리가 되지 않아 판단을 내리기가 쉽지 않지만, 지나간 일들은 잘 잘못이 드러나고 정리되어 있어 비교적 밝게 보인다. 지나간 과거를 밝은 거울로 삼아 현재를 비추어 보면 아직 정리되지 않은 현재의 상황도 어느 정도 윤곽을 잡을 수 있는 법이다.

《명심보감》의 다른 구절에서도 '과거사여명경(過去事如明鏡)'이라 하여 지나간 일은 밝은 거울과 같다고 분명히 말하고 있다. 6공화국 당시 노태우 대통령이 전두환 대통령의 일들을 밝은 거울로 삼아 자신의 현재를 살폈더라면, 적어도 부정 축재의 혐의로 감옥에 가지는 않았을 것이다. 한때 문민정부에서 추진했던 '역사와의 대화 바로 세우기'라는 것도 흐린 거울로 변형되어 있는 지나간 역사를 법적인 판단을 통해 밝은 거울로 닦아 놓으려는 작업이었다. 그렇게 해야만 그 밝은 거울에 현재와 미래를 비추어 볼 수 있기 때문이다.

개역한글 성경의 고린도전서 10장 6절에서도 조상들이 겪은 과거의 일을 거울에 비유했다. "그런 일은 우리의 거울이 되어 우리로 하여금 저희가 악을 즐겨한 것 같이 즐겨하는 자가 되지 않게 하려 함이니."

한 치 앞에 무슨 일이 있을 것인지

未來事暗似漆 미래사암사칠

未(아닐 미) / 來(올 래) / 事(일 사) / 暗(어두울 암) / 似(같을 사)/ 漆(옻 칠)

未 來 事 暗 似 漆

지나간 과거는 밝은 거울과 같다는 뜻인 '과거사여명경(過去事如明鏡)' 구절은 앞에서 살펴보았다. 그와 대조적으로 '미래사암사칠(未來事暗似漆)'은, 미래의 일은 어둡기가 칠흑 같다는 뜻이다.

하지만 미래의 일 중에는 어느 정도 미루어 예측할 수 있는 것도 있다. '욕지미래 선찰이연(欲知未來 先察已然)'이라 하여, 미래를 알려거든 먼저 지나간 일을 살펴보라고 했다. 여기서도 역시 지나간 과거는 미래를 비추어 보는 밝은 거울 역할을 하는 셈이다.

어느 정도 예측할 수 있는 미래라고 하더라도 정작 무슨 일이 기다리고 있는지는 정확하게 말할 수 없는 경우가 많다. 요즘 과학적인 예측이 가능한 일기예보도 보면, 이전과는 달리 몇 퍼센트 확률로 예보하고 있다.

《명심보감》의 다른 문장에 '천유불측풍우(天有不測風雨)'라는 문구가 있다. 하늘에는 예측할 수 없는 비바람이 있다는 뜻으로서, 바로 요즘 일기예보를 두고 하는 말처럼 들린다. 그런데 하물며 인간사를 예측함에 있어서랴.

《경행록》에서도, 내일 아침의 일을 오늘 저녁 무렵이라고 해서 정확하게 알 수 있는 법이 아니요, 저녁의 일을 '신시(申時)', 즉 오후 세 시에서 다섯 시 사이라고 해서 정확하게 알 수 있는 법이 아니라고 했다. 이렇게 코앞에 닥친 미래도 정확하게 알 수 없는 인간이고 보니 '미래사암사칠'이라는 말이 나올 법도 하다.

잠언 27장 1절에서도 하루 동안의 일조차 알 수 없는 인생이라고 했다. "너는 내일 일을 자랑하지 말라 하루 동안에 무슨 일이 날는지 네가 알 수 없음이니라."

일도 많고 말도 많은 인생 100년

難保百年身 난보백년신

難(어려울 난) / 保(지킬 보) / 百(일백 백) / 年(해 년) / 身(몸 신)

難 保 百 年 身

이 구절 앞에 '미귀삼척토(未歸三尺土)'라는 문구가 있다. 거기에 '난보백년신(難保百年身)'이라는 문구가 이어지면 다음과 같은 뜻이 된다. 석 자 흙 속으로 돌아가기 전까지, 다시 말해 무덤으로 들어가기 전까지 100년의 몸을 보전하기란 어렵다.

이 말은 100년도 채 안 되는 인생을 사는 동안 온갖 질병과 사고, 환난, 사회적인 소용돌이 속에서 몸을 온전히 보전하기란 쉽지 않다는 의미이다. 이 짧은 인생을 사는 동안에 왜 이다지도 파란만장한 일들이 많은지! 무덤 속에 들어가서야 겨우 안심을 할 수 있다니, 인생은 그야말로 '고해(苦海)'인가 보다!

그런데 무덤에 들어간다고 하여 문제가 다 해결되는 것도 아니다. '이귀삼척토(已歸三尺土)', 이미 무덤에 들어가고 나서도, '난보백년분(難保百年墳)', 무덤을 100년 동안 보전하기가 어렵다고 했다. 무덤을 돌봐야 할 자손들이 끊어지지 않아야 하고, 무덤을 훼손시키는 재해가 없어야 한다.

어떤 경우에는 사후(死後)에 큰 죄가 드러나 무덤이 다시 파헤쳐져서 부관참시당하는 수도 있다. 그러고 보니 인생은 무덤으로 들어가기 전까지도 고생이요, 무덤으로 들어가고 나서도 무덤의 안전이 보장되지 않는다.

그렇다고 인생을 허무하게 살 것이 아니라, 더욱 두렵고 떨림으로 조심하며 살아야 하리라. "그러므로 나의 사랑하는 자들아 너희가 나 있을 때뿐 아니라 더욱 지금 나 없을 때에도 항상 복종하여 두렵고 떨림으로 너희 구원을 이루라"(빌 2:12).

남을 잘 믿지 못하는 이유

自信者人亦信之 자신자인역신지

自(스스로 자) / 信(믿을 신) / 者(놈 자) / 人(사람 인) / 亦(또 역) / 信(믿을 신) / 之(이것 지)

自 信 者 人 亦 信 之

스스로를 믿는 자는 남도 또한 믿는다는 말이다. 자신에게 약점이 있어 스스로를 믿지 못하는 자는 남도 자기 마음을 기준으로 헤아려 믿지 않으려는 경향이 있다. 그 정도가 심해지면 자기 주변의 사람들을 모두 의심하고 적으로 간주하여 고립무원 지경으로 떨어지게 된다.

자기 자신에게 도적질하려는 마음이 있으면 주변 사람들이 도둑으로 여겨지고, 자신에게 간음하려는 마음이 있으면 주변 사람들을 간음자로 의심한다. 자기 마음의 부정적인 요소들을 다른 사람에게 덮어씌우는 심리를 전문 용어로 '투사(投射)'라고 한다.

독일 나치 시대에 유태인을 학살하게 된 것도 독일인 마음속의 어둡고 부정적이고 잔혹한 요소들이 유태인에게 투사되었기 때문이다. 자기 마음이 떳떳한 가운데 자기에 대한 신뢰를 가진 자는 남도 자기 마음에 비추어 믿어 주려는 경향이 있다. 비록 상대방이 나쁜 사람이라 하더라도 이쪽에서 좋은 사람으로 믿어 주면 상대방은 거기에 감화 감동되어 정말 좋은 사람으로 변화되기도 한다.

그래서 '오월개형제(吳越皆兄弟)', 오월과 같은 원수지간도 그런 믿음으로 형제처럼 될 수 있는 법이다. 자꾸만 사분오열되는 한국 현실에서 무엇보다 필요한 것은 도덕적인 떳떳함을 지닌 가운데 상호 신뢰를 회복하는 일이다.

바울은 하나님 앞에서 떳떳한 자신을 신뢰함으로써 많은 사람들을 믿고 받아들였다. "내가 모든 사람에게서 자유로우나 스스로 모든 사람에게 종이 된 것은 더 많은 사람을 얻고자 함이라, 약한 자들에게 내가 약한 자와 같이 된 것은 약한 자들을 얻고자 함이요 내가 여러 사람에게 여러 모양이 된 것은 아무쪼록 몇 사람이라도 구원하고자 함이니"(고전 9:19, 22).

노사 화합의 지름길

用人勿疑 용인물의

用(쓸 용) / 人(사람 인) / 勿(말 물) / 疑(의심할 의)

이 구절 앞에 '의인막용(疑人莫用)'이라는 문구가 있다. 사람이 의심스럽거든 쓰지 말라는 뜻이다. 지극히 당연한 말이다. 의심스러운 사람을 어떻게 쓸 수 있겠는가. 사람을 쓰기 전에, 그 사람에게서 의심스러운 점이 없는가 이모저모로 따져 보지 않을 수 없다. 그러고 나서 이만하면 됐다는 판단이 서면 그 사람을 쓰게 된다.

사람을 쓰고 나서도 계속 의심하며 그런 눈으로 바라보고 감독한다면, 쓰임을 받는 사람이 주눅이 들어 제대로 능력을 발휘할 수 없을 것이다. 그러다 보면 더욱 의심하게 되고 악순환이 되풀이된다.

일단 여러 가지 점검을 하고 나서 사람을 쓰기로 했으면, 그 후로는 믿어 주고 의심하지 않는 것이 좋다. 이것이 '용인물의(用人勿疑)'의 의미이다.

사람이 다른 사람으로부터, 특히 고용주로부터 신뢰를 받고 있다는 것을 느끼면 더욱 충성스럽게 일을 하기 마련이다. 믿음은 믿음을 낳고, 의심은 의심을 낳는다.

해마다 홍역처럼 치르는 노사분규도 노사 간에 기본적으로 신뢰가 있으면 별 어려움 없이 타협이 이루어지고 문제가 해결될 수 있으나, 노사 간에 의심이 가득하면 극단적인 방향으로 치닫게 된다.

'용인물의'의 정신에 입각해서 볼 때는 회사 측에서 더욱 근로자들을 신뢰하는 방향으로 노력해야 할 것이다. "상전들아 의와 공평을 종들에게 베풀지니 너희에게도 하늘에 상전이 계심을 알지어다"(골 4:1).

사람 마음 알기가 얼마나 어려운지

心隔千山 심격천산

心(마음 심) / 隔(사이 뜰 격) / 千(일천 천) / 山(뫼 산)

'대면공화 심격천산(對面共話 心隔千山)', 얼굴을 맞대고 서로 이야기를 주고받아도 마음은 천 개의 산을 사이에 두고 있는 것처럼 멀리 떨어져 있다는 뜻이다. 아무리 가까운 관계라도 서로의 마음을 알기란 참으로 어렵다. 이 문구와 관련된 다른 문장을 보면, "범을 그리되 가죽은 그릴 수 있으나 뼈는 그리기 어렵고, 사람을 알되 그 얼굴은 알지만 그 마음은 알지 못한다"라고도 했다.

부부가 백년해로하며 한 이불 밑에서 오랜 세월을 보내어도 서로의 마음을 알기란 그리 쉬운 일이 아니다. 서로 뜨겁게 사랑하면서 상대방의 마음을 누구보다도 잘 알고 있다고 생각하는 연인들도 엉뚱한 착각 속에 빠져 있을 수 있다. 부부와 연인 관계도 이와 같은데, 다른 인간관계에 있어서는 더 말할 나위가 없다. 하물며 냉엄한 국제 관계에서는 더욱 그러할 것이다. 2018년 남한의 대통령과 북한의 국무위원장이 역사적인 정상 회담을 하면서 판문점 도보다리에서 얼굴을 맞대고 정답게 대화를 나누었지만, 그 마음 사이에는 천 개의 산이 있었는지도 모른다. 잠언 25장 3절에서도 "하늘의 높음과 땅의 깊음 같이 왕의 마음은 헤아릴 수 없느니라"라고 했다. 어디 왕의 마음뿐이랴! 일반 백성의 마음도 마찬가지다.

도스토옙스키 소설 기법 중에 '말로써 감정 숨기기'라는 것이 있다. 원래 말이라는 것은 마음과 감정을 표현하는 수단인데, 도스토옙스키 소설의 인물들은 도리어 감정을 숨기기 위해 말을 하고 장광설을 늘어놓는다.

현실에서도 사람들은 '말로써 감정 숨기기' 기법을 종종 활용한다. 그러면 대화를 나눌수록 상대방의 마음은 점점 미궁 속으로 빠져들고 만다. 말을 듣는 '청음(聽音)'의 단계에 머물지 말고, 말을 보는 '관음(觀音)'의 단계로 들어가야만 상대방의 마음을 어느 정도 짚어 볼 수 있을 것이다.

쾌락에 빠질 바에야 차라리

飽煖思淫慾 포난사음욕

飽(배부를 포) / 煖(따뜻할 난) / 思(생각할 사) / 淫(음란할 음) / 慾(욕심 욕)

배부름과 따뜻함에서 음욕이 생겨난다는 뜻이다. 배부르고 따뜻하다는 것은 의식주 생활이 풍족하게 된 것을 의미한다. 사람들은 의식주 문제가 해결되고 더 나아가 여유로운 형편이 되고 나면 대부분 다음 단계로 몸의 쾌락을 구하기 마련이다. 그동안 쾌락을 위해 돈을 벌려고 애써 온 것처럼 보이기도 한다.

쾌락 중에서도 음욕은 맹렬히 타는 불처럼 전 존재를 사로잡아 태워 버린다. 음욕이 주는 쾌락을 한 번 맛본 사람은 마약 중독자가 마약을 끊기가 거의 불가능한 것같이 그 세계에서 헤어나기가 여간 어려운 일이 아니다.

'성왕(聖王)'이라 일컬어지는 다윗도 고난의 세월을 지내는 동안은 스스로 절제했으나, 왕이 되어 태평성대를 누리게 되자 안일해지고, 안일해진 나머지 음욕의 유혹에 넘어가 신하 우리아의 아내 밧세바와 간통하게 된다(삼하 11:1-4).

형편이 나아져서 배부르고 따뜻하게 될 때, 마치 바로 앞에 재앙이 기다리고 있는 것처럼 바짝 긴장할 필요가 있다. 날마다 음욕으로 기울어지려는 몸과 마음을 제어하지 않으면 재앙이 다가오는 것은 불을 보듯 뻔한 이치이다.

단란하던 가정이 파괴되고 아이들은 깊은 수렁으로 빠져든다. 그런 재앙이 다가왔을 때 후회해 봤자 이미 늦은 일이다. 그럴 바에야 차라리 배부르고 따뜻하지 않은 것이 나을지도 모른다.

'포난사음욕(飽煖思淫慾)' 구절 뒤에는 그것과 대조되는 내용으로 '기한발도심(飢寒發道心)', 주리고 추운 데서 바른 마음이 싹튼다는 문구가 이어지고 있다.

값싸게 얻어지지 않는 지혜

不經一事不長一智 불경일사불장일지

不(아닐 불) / 經(날 경) / 一(한 일) / 事(일 사) / 不(아닐 불) / 長(자랄 장) / 一(한 일) / 智(슬기 지)

不 經 一 事 不 長 一 智

한 가지 일을 경험하지 않으면 한 가지 지혜가 자라지 않는다는 뜻이다. 지혜는 지식과 달라서 그냥 머리로(이론적으로) 얻어지는 것이 아니다. 값싸게 얻어지는 것도 아니다.

아무리 공부를 많이 하여 학력이 높다 하더라도 지혜의 면에서는 어리석을 정도로 빈약할 수가 있다. 지혜는 인생을 살아가면서 겪는 크고 작은 일들, 즐겁고 쓰라린 일들을 통해 하나씩 자라고 쌓이는 법이다. 특히 고귀한 지혜는 대개 쓰라린 고통의 경험을 통해 얻어지게 된다.

인간은 본성이 부패하고 어리석고 교만하기 때문에 여간해서 자신의 모습을 보지 못한다. 아니, 될 수 있으면 진정한 자신의 모습을 보려고 하지 않는다. 그저 본성을 따라 행하기를 고집하므로 지혜로운 삶을 사는 것이 아니라 한 걸음 한 걸음 파멸로 향하는 삶을 살기 쉽다.

그러나 인생에 고난이 닥쳐오고 고통이 다가오면 자신을 돌아볼 수 있는 기회를 가지게 되고, 전체적인 삶에 대한 반성이 이루어지기 마련이다. 거기서 얻어지는 지혜는 용광로로 단련한 금처럼 값지고 귀하다.

이런 지혜가 하나씩 쌓여 원만한 인격을 이룬 사람은 자기보다 월등하게 학력이 높은 사람들도 훈계하고 가르치며 인도할 수 있다.

바울은 빌립보서 4장 12절에서 여러 고난을 통해 삶의 지혜를 얻었다고 고백하고 있다. "나는 비천에 처할 줄도 알고 풍부에 처할 줄도 알아 모든 일 곧 배부름과 배고픔과 풍부와 궁핍에도 처할 줄 아는 일체의 비결을 배웠노라."

일반 백성의 평가가 무서울진저

路上行人口勝碑 노상행인구승비

路(길 로) / 上(위 상) / 行(갈 행) / 人(사람 인) / 口(입 구) / 勝(나을 승) / 碑(돌기둥 비)

路 上 行 人 口 勝 碑

길 가는 사람의 입이 비석보다 낫다. 이 말이 무슨 뜻인가? 사람들은 자신의 공적을 어찌해서든지 오랫동안 남기고 싶어 한다. 없는 공적도 억지로 지어내기도 한다. 잘 마모되지 않는 돌비에 새겨 자랑거리로 삼고자 한다.

과연 돌비는 수백 년 수천 년의 세월을 견디어 지금도 옛사람의 행적과 공적을 증거하고 있다. 하지만 그 돌비에 새겨진 내용들이 진실된 것인가 의문스럽지 않을 수 없다.

〈격양시(擊壤詩)〉에서는 "큰 이름을 어찌 딱딱한 돌에 새길 것인가" 하고, 오히려 이름과 공적을 돌비에 새기는 행위를 조롱

하고 있다. 곧이어 '노상행인구승비(路上行人口勝碑)'라는 문구가 나오는데, 한 사람의 공적이 돌비에 새겨지는 것보다 길 가는 사람들의 입에서 그 사람에 대한 평판이 어떻게 내려지느냐 하는 것이 더욱 중요하다는 뜻이다.

광주 민주화 항쟁을 진압한 공로로 몇몇 지휘관급 장성들이 어마어마한 훈장들을 받았다. 그 훈장의 영예로 보면 그 공적은 돌비에 새겨져서 자손 대대로 자랑거리로 삼을 만하다. 그러나 길 가는 사람들, 다시 말해 평범한 백성의 입에서는 그들에 대한 평판이 좋지 않았다. 15년의 세월이 지난 후에는 훈장들이 반납되어 노상 행인의 입에서 나온 말이 맞았다는 사실이 증명되었다. 진실로 '노상행인구승비'라 아니할 수 없다.

잠언 27장 2절에서도 이 점을 경계하고 있다. "타인이 너를 칭찬하게 하고 네 입으로는 하지 말며 외인이 너를 칭찬하게 하고 네 입술로는 하지 말지니라."

권세가 다하면 원수를 만나는 법

有勢莫使盡 유세막사진

有(있을 유) / 勢(기세 세) / 莫(없을 막) / 使(행할 사) / 盡(다할 진)

有 勢 莫 使 盡

이 문구는 '유복막형진 복진신빈궁(有福莫享盡, 福盡身貧窮)', 복이 있다 해도 다 누리지 말지니 복이 다하면 몸이 빈궁해지리라는 구절 뒤에 나온다. 복의 종류에는 여러 가지가 있겠지만, 그 중에서 권세의 복도 사람이 태어나서 한번 누려 볼 만하다. 그런데 복이 있다 해도 다 누리지 말라고 했으니, '유세막사진(有勢莫使盡)', 권세가 있다고 해도 다 부려서는 안 된다는 것은 두말할 나위가 없다.

그러나 권세자가 권세를 부리는 맛에 길들여지면, 그는 분별력을 잃게 되고 한도를 모르는 어리석음을 범하게 된다. '권불십년(權不十年)'이라고 했는데도 자신의 권세는 언제까지나 건재

하리라 착각하기 쉽다. 권세가 있다고 권세를 함부로 부리면 그 결과가 어떻게 되겠는가? '세진원상봉(勢盡寃相逢)', 권세가 다하면 원수를 만나게 된다고 했다. 권세를 함부로 부리는 동안 수많은 사람을 원수로 만들어 놓았기 때문이다.

복이 있을 때는 항상 아끼고, 권세가 있을 때는 항상 공손해야 한다. 권세를 함부로 부리던 자들이 권세가 다했을 때 어떤 위치로 전락하는가를 역사를 통해서 똑똑히 봐 왔다. 중앙정보부장 김형욱도 권세를 함부로 부리다가 권좌에서 물러났을 때 수많은 원수들에 둘러싸여 망명의 길을 택할 수밖에 없었다. '유세막사진', 이 의미심장한 교훈을 권세 잡은 자들은 한시도 잊지 않아야 할 것이다.

예수님도 제자들에게 권세를 임의로 부리는 자들을 본받지 말라고 경계했다. "예수께서 제자들을 불러다가 이르시되 이방인의 집권자들이 그들을 임의로 주관하고 그 고관들이 그들에게 권세를 부리는 줄을 너희가 알거니와 너희 중에는 그렇지 않아야 하나니 너희 중에 누구든지 크고자 하는 자는 너희를 섬기는 자가 되고"(마 20:25-26).

좋은 한마디 충고의 효과

得人一語勝千金 득인일어승천금

得(얻을 득) / 人(사람 인)/ 一(한 일)/ 語(말씀 어) / 勝(나을 승)/ 千(일천 천) / 金(황금 금)

得 人 一 語 勝 千 金

남의 말 한마디 듣는 것이 천금보다 낫다. 물론 여기서 남의 말 한마디란 인생을 살아가는 데 깊은 영향을 주는 유익한 말을 의미한다. 좋은 말 한마디는 인생이 파멸로 치닫는 것을 막을 수도 있고, 절망하고 있는 자에게 한 줄기 희망이 될 수도 있고, 실패한 사업을 성공으로 이끌 수도 있다. 어떤 경우에는 병든 자를 치료할 수도 있다.

잠언 4장 22절에 보면 아비의 귀한 교훈 한마디, "그것은 얻는 자에게 생명이 되며 그의 온 육체의 건강이 됨이니라"라고 했다. 참으로 말의 힘은 죽고 사는 것을 결정할 만큼 대단하다. 말 한마디로 천 냥 빚을 갚는다는 우리나라 속담은 그런 엄청난 말의 힘에 비하면 오히려 애교스러운 편이다. 어디 천 냥 빚만 갚겠는가.

인간의 말 한마디의 위력도 이러하거늘 하물며 천지를 지으신 창조주 말씀의 권능은 어떠하겠는가. 창조주 말씀의 권능을 개역한글 성경 히브리서 4장 12절만큼 빼어나게 묘사한 구절도 찾아보기 힘들 것이다. "하나님의 말씀은 살았고 운동력이 있어 좌우에 날선 어떤 검보다도 예리하여 혼과 영과 및 관절과 골수를 찔러 쪼개기까지 하며 또 마음의 생각과 뜻을 감찰하나니."

이 창조주의 말씀 한마디를 듣고 마음에 새길 때, 인생에 놀라운 변화가 있을 것임은 두말할 나위가 없다.

어떤 경우에도 즐거워할 수 있는 이유

苦者樂之母 고자락지모

苦(쓸 고) / 者(것 자) / 樂(즐거움 락) / 之(의 지) / 母(어미 모)

苦 者 樂 之 母

괴로움은 즐거움의 어머니이다. "실패는 성공의 어머니"라는 말이 있고 "고진감래(苦盡甘來)"라는 말도 있는데, 《명심보감》에도 그와 비슷한 구절이 있다. '고자락지모(苦者樂之母)' 새기면 새길수록 감칠맛 나는 문구라 아니할 수 없다. 여기서 '어머니'라는 말은 '원천'이라는 말과 같으므로, 괴로움은 즐거움의 원천이라는 뜻이 된다.

괴로움이 즐거움을 솟아나게 하는 원천이라니, 참으로 역설적이라 아니할 수 없다. 그러나 언제나 역설 속에 진리가 있는 법이다.

흔히 말하는 즐거움은 환경이나 조건에서 기인한 피상적인 즐거움이다. 그런 것은 환경과 조건의 변화에 따라 금방 바뀌게 마련이다. 하지만 진정한 즐거움은 환경과 조건을 초월한다. 이런 초월적인 즐거움을 맛보기 위해서는 사실 값비싼 대가를 치러야 한다. 그 대가는 대개 말로 다할 수 없는 고통으로 다가온다.

자기 잘못으로 인한 고통이든 외부의 핍박으로 초래된 고통이든 그 고통을 잘 겪어 낼 때, 비로소 진정한 즐거움이 무엇인지 알 수 있게 되고 즐거움을 누릴 수 있는 자격을 획득하게 된다.

로마서 5장 3절과 4절만큼 '고자락지모'에 대해 설명을 잘해 놓은 구절도 없을 것이다. "우리가 환난 중에도 즐거워하나니 이는 환난은 인내를, 인내는 연단을, 연단은 소망을 이루는 줄 앎이로다."

8장

•

인생의 가치에 관하여

욕망의 길고 긴 자루의 입구

難塞鼻下橫 난색비하횡

難(어려울 난) / 塞(막을 색) / 鼻(코 비) / 下(아래 하) 橫(가로놓을 횡)

難 塞 鼻 下 橫

이 문구 앞에 '영색무저항(寧塞無底缸)'이라는 구절이 있는데 '난색비하횡(難塞鼻下橫)'과 연결하면, 밑 빠진 항아리는 막을지언정 코 밑에 가로놓인 것은 막을 수 없다는 뜻이다. 비하횡(鼻下橫), 코 밑에 가로놓인 것이 무엇인가. 두말할 필요도 없이 그것은 입을 가리킨다. 코 밑에 가로놓인 입을 채우기가 밑 빠진 항아리를 채우기보다 더 어렵다니, 결국 입을 채우는 일은 불가능하다는 말이다.

이 구절은 끊임없이 먹지 않고는 살 수 없는, 다시 말해 죽어서야 비로소 먹는 일을 멈추게 되는 인간의 어쩔 수 없는 실존을 촌철살인의 재치로 표현하고 있다. 어떻게 보면 인생의 문제 대부분은 코 밑에 가로놓인 바로 그 입 때문에 생긴다 해도 과언이 아니다. 입은 밑 없는 길고 긴 자루 입구처럼 보이기도 한다.

잠언 22장 14절은 입을 '깊은 함정'에 비유했다. "음녀의 입은 깊은 함정이라 여호와의 노를 당한 자는 거기 빠지리라." 여기서는 음녀의 입이라고 했지만, 음녀뿐 아니라 일반 사람들의 입도 '깊은 함정'이라 할 만하다.

일생 그 함정과 자루 입구로 들어가는 음식량은 얼마나 될까? 식구들의 입으로 들어갈 양을 그날그날 채우기 위해 부모들은 뼈 빠지게 일을 해야만 한다. 채워도 채워도 한이 없는 그 일을 위해 날마다 애쓰다가 어느새 죽음이 다가와 무덤으로 들어가는 것이 인생이고 보니 허무하기 짝이 없다.

대부분의 인생은 코 밑에 가로놓인 입 때문에 이 고생을 하는데, 고위층의 수십억, 수백억 부당 이익 어쩌고 하는 소리를 들으니 기가 막힐 노릇이다.

술을 잘 다루게 되면

非酒不義 비주불의

非(아닐 비) / 酒(술 주) / 不(아닐 불) / 義(옳을 의)

술이 아니면 의리가 없다는 말이다. 이 문구는 '군신붕우(君臣朋友)'와 관련이 있으므로, 의역을 하면 다음과 같다. 임금과 신하 사이, 그리고 친한 벗들 사이에는 술이 들어가야 의리가 두터워지는 법이다.

하늘에 제사를 지내고 사당에 제례를 올릴 때도 반드시 술이 들어가게 마련이다. '비주불향(非酒不享)', 술이 없으면 하느님과 선조님들이 흠향하지 않는다. 싸우고 나서 화해하고자 할 때도 '비주불권(非酒不勸)', 술이 없으면 서로 권하며 화해하기 어렵게 된다. 이런 술의 효용 중에 우정을 돈독히 하는 매개물 역할을 하는 것이 가장 큰 유익이다.

이 말들은 《사기(史記)》에 기록되어 있는데, 뒤이어 '주유성패이불가범음지(酒有成敗而不可泛飮之)'라는 문구도 있다. 술을 잘 마시면 성공하고 술을 잘못 마시면 실패하므로, 술을 함부로 마셔서는 안 된다는 뜻이다. 아주 쓸모 있고 유익한 것일수록 잘못 다루면 독이 되는 수가 많다. 술도 자칫하면 인간관계를 돈독히 하기는커녕 오히려 파괴하는 방향으로 나가기 쉽다.

조선 시대 선비 이덕무는 선비의 예절을 가르치는 《사소절(士小節)》에서 "착한 사람이 술을 마시면 더욱 착해지고, 악한 사람이 술을 마시면 더욱 악해진다"라고 했다.

잠언 23장 33절 이하를 보면 술 취한 자의 어지러운 상황을 생생히 묘사하고 있다. "네 눈에는 괴이한 것이 보일 것이요 네 마음은 구부러진 말을 할 것이며 너는 바다 가운데에 누운 자 같을 것이요 돛대 위에 누운 자 같을 것이며 네가 스스로 말하기를 사람이 나를 때려도 나는 아프지 아니하고 나를 상하게 하여도 내게 감각이 없도다 내가 언제나 깰까 다시 술을 찾겠다 하리라."

절도 있게 적당히 마시는 술은 혈액 순환에도 좋아 건강에도 유익하고 인간관계에도 윤활유 역할을 한다. 하지만 많은 사람들이 절제력이 약해서 술을 잘 다룰 줄 모르니 그게 문제이다. 술을 다룰 자격이 없는 사람은 차라리 금주를 하는 편이 나을 것이다.

풀들도 저렇게 살아가는데

地不長無明草 지불장무명초

地(땅 지) / 不(아닐 불) / 長(길 장) / 無(없을 무) / 明(이름 명) / 草(풀 초)

땅은 이름 없는 풀을 기르지 않는다는 뜻이다. 이 말을 이해하기 위해서는 앞의 문구를 살펴보는 것이 좋겠다. '천불생무록지인(天不生無祿之人)', 즉, 하늘은 녹이 없는 사람을 내지 않는다고 했다. 사람은 태어날 때부터 저마다 자기 먹을 것을 지니고 태어난다는 말이다.

이 문구는 우리 조상들이 산아 제한 없이 자식들을 많이 낳으면서 자주 써먹기도 했다. 사실 지구상의 수많은 사람이 어떻게든지 자기 나름대로 먹고 살아가는 것을 보면 신묘하기조차 하다.

이러한 구절과 연관시켜 '지불장무명초(地不長無明草)'라는 문구를 보면 그 뜻이 더욱 선명해진다. 즉, 땅에 나는 풀들은 각각 자기 이름을 가지고 어떤 모양으로든지 살아간다는 뜻이다.

풀의 생명력은 대단하다. 잡초일수록 생명력은 더욱 끈질기다. 풀들도 저마다 어딘가에 자리를 잡고 뿌리를 내리며 살아가는데, 하물며 '만물의 영장'이라는 인간이 먹고사는 문제로 염려할 필요가 있겠는가.

성경에도 풀들과 관련하여 의식주에 대한 믿음을 심어 주는 유명한 구절이 있다. "오늘 있다가 내일 아궁이에 던져지는 들풀도 하나님이 이렇게 입히시거든 하물며 너희일까보냐 믿음이 작은 자들아 그러므로 염려하여 이르기를 무엇을 먹을까 무엇을 마실까 무엇을 입을까 하지 말라"(마 6:30–31).

끓는 물에 눈이 뿌려지면

無義錢財湯潑雪 무의전재탕발설

無(없을 무) / 義(옳을 의) / 錢(돈 전) / 財(재물 재) / 湯(끓인 물 탕) / 潑(뿌릴 발) / 雪(눈 설)

無 義 錢 財 湯 潑 雪

《명심보감》은 돈에 대한 자세가 어떠해야 하는가에 대해 거듭 교훈하고 있다. 돈을 어떻게 벌고 쓰느냐 하는 것이 인생의 성패를 가름하는 관건이다.

그중 '무의전재탕발설(無義錢財湯潑雪)'은 마치 선시(禪詩)와도 같은 문구이다. 옳지 않은 방법으로 번 돈은 끓는 물에 뿌려진 눈과 같다고 했다.

어떤 선승이 말하기를, 우리 인생은 활활 타는 화로에 떨어지는 한 송이 눈과 같다고 했는데, 그와 비슷한 내용이다.

끓는 물에 눈을 뿌리면 어떻게 되는가? 말할 것도 없이 뿌리는 즉시 녹아 버리고 만다. 자취도 없이 사라지고 만다. 부정 축재로 모은 재산이 재판에서 모조리 몰수당하고 추징당하는 것을 보면, 이 말이 현실에서 그대로 이루어지는 느낌이다.

미가 6장 10–11절도 불의한 재물에 대해 경고하고 있다. "악인의 집에 아직도 불의한 재물이 있느냐 축소시킨 가증한 에바가 있느냐 내가 만일 부정한 저울을 썼거나 주머니에 거짓 저울추를 두었으면 깨끗하겠느냐."

단 하루만이라도 신선이 되고파

一日淸閑一日仙 일일청한일일선

一(한 일) / 日(날 일) / 淸(맑을 청) / 閑(한가할 한) / 一(한 일) / 日(날 일) / 仙(신선 선)

하루를 살아도 신선이나 천사처럼 산다면, 구질구질하게 100년을 사는 것보다 더 낫지 않겠는가. 그런데 《명심보감》은 하루라도 마음이 맑고 편안하다면 그 하루는 신선이 되는 것이라고 했다.

'선(仙)'이라는 한자는 '사람 인(人)'과 '뫼 산(山)'이 합해진 글자이다. 속세를 떠나 산속 깊숙이 들어가 도를 닦으면 신선이 될 수 있다는 것이 도교의 가르침이다. 신선은 어떤 환경이나 조건에도 얽매이지 않는 참으로 자유로운 존재를 가리킨다. 그러나 꼭 산속으로 들어가지 않아도 일상생활에서 마음이 맑고 편안하면 그 하루는 신선처럼 살 수 있다.

그러면, 맑은 마음이란 무엇인가? 우선 도덕적으로 깨끗한 마음이다. 정욕과 다른 욕심으로 더럽혀지지 않은 마음은 신선한 공기가 통하는 산속처럼 우리의 숨통을 트이게 해 준다. 편안한 마음은 근심 걱정을 벗어 버린 마음이다.

이런 청한(淸閑)한 마음으로 하루하루를 산다면 1년 365일을 신선처럼 살 수 있겠지만, 현실적으로는 여간 어려운 일이 아니다. 조금만 방심하면 온갖 정욕과 욕심, 근심과 걱정들이 파도처럼 밀려와 우리의 마음을 더럽히고 흔들어 놓는다.

단 하루만이라도 청한한 마음을 지닐 수 있다면 다른 소원이 없을 것도 같다. 마태복음 5장 8절도 청결한 마음을 가진 자가 얼마나 복된가 말하고 있다. "마음이 청결한 자는 복이 있나니 그들이 하나님을 볼 것임이요."

하나님을 본다면 신선보다 더 높은 경지일 것이다.

약으로 치료할 수 없는 병

妙藥難醫寃債病 묘약난의원채병

妙(묘할 묘) / 藥(약 약) / 難(어려울 난) / 醫(치료할 의) / 寃(원통할 원) / 債(빚 채) / 病(병 병)

妙 藥 難 醫 寃 債 病

이 문구는 자동제군(濕童帝君)이라는 도인이 한 말이다. 원채병(寃債病)이란 원통한 마음이 빚덩이처럼 쌓여 병이 든 상태를 가리킨다. 원래 '원(寃)' 자는 토끼가 덮개에 덮여 있는 형용이다. 이리저리 깡충깡충 마음대로 뛰어다니는 토끼에게 가마니 같은 덮개를 씌워 놓으면 얼마나 갑갑하겠는가. 토끼가 이리 뛰어도 덮개에 걸리고 저리 뛰어도 덮개에 걸리니 말이다.

원통한 마음을 품고 있는 사람은 바로 이런 토끼와 같은 상황에 처해 있는 셈이다. 어디를 가나 그 원통한 마음이 가시처럼 온몸을 찔러 댄다.

웬만한 다른 병들은 약으로 치료할 수 있으나, 이 원채병은 그 어떤 약으로도 치료할 수 없다. 그만큼 위중한 병이라 아니할 수 없다. 사실 치명적인 병들은 어쩌면 이 원채병이 겉으로 드러난 증세에 불과한지도 모른다. 원통한 마음 때문에 심장병이 생기고 암이 생기는 것인데, 병원에서는 심장병과 암 자체를 치료하는 데만 치중한다.

병의 뿌리인 원채병을 근본적으로 치료하지 않으면 어떤 병이든 재발하기 십상이다. 무엇보다 원채병을 치료할 수 있는 길을 모색해야 한다.

주기도문에 "우리가 우리에게 죄지은 자를 사하여 준 것같이 우리 죄를 사하여 주옵시고"(마 6:12)라는 구절이 있다. 여기서 '죄'에 해당하는 헬라어 '오페일레마'는 원래 빚을 뜻한다. 우리에게 빚진 자의 빚을 탕감해 주듯이 우리의 빚과 같은 죄도 용서해 달라는 기도이다.

억울하고 원통한 마음이 빚처럼 쌓여 있는 '원채병'을 근본적으로 치료할 수 있는 비책이 주기도문 안에 있다.

돌고 도는 인생사인걸

花落花開開又落 화락화개개우락

花(꽃 화) / 落(떨어질 락) / 花(꽃 화) / 開(열 개) / 開(열 개) / 又(또 우) / 落(떨어질 락)

花 落 花 開 開 又 落

유명한 윤동주의 '서시(序詩)' 첫 구절인 "하늘을 우러러 한 점 부끄럼이 없기를"은 《맹자(孟子)》 '진심장구편(盡心章句篇)'에 나오는 '앙불괴어천(仰不愧於天)'이라는 문구를 시적으로 번역한 것이다.

너무나 잘 알려진 김소월의 〈산유화〉 첫 구절도 《명심보감》에 나오는 '화락개개우락(花落花開開又落)' 문구를 번역해 놓은 것 같다. "꽃이 지네 꽃이 피네 꽃은 피었다가 또 지네."

《명심보감》에서 이 문구가 뜻하는 바는 무엇인가? 세상일은 돌고 돈다는 의미이다. 비단옷을 입고 떵떵거리던 사람이 베옷을 입게 되기도 하고, 가난하던 사람이 적신으로 있다가 온갖 것을 갖춘 부자가 되기도 한다. 사람을 억지로 붙들어 올린다고 해도 반드시 하늘에 올라가는 것은 아니요, 사람을 억지로 밀어뜨린다고 해도 반드시 깊은 구렁으로 굴러떨어지는 것은 아니다.

이와 같이 인생의 삶에는 꽃이 피었다가 지고 졌다가 피듯이 내리막이 있으면 오르막이 있게 마련이다. 지금 내리막과 같은 상황에 처해 있다 해도 절망해서는 안 된다.

이것을 《명심보감》에서는 '범사막원천(凡事莫怨天)'이라는 문구로 표현했다. 범사에 하늘을 원망하지 말라는 뜻이다. 이 구절은 데살로니가전서 5장 18절을 생각나게 한다. "범사에 감사하라 이것이 그리스도 예수 안에서 너희를 향하신 하나님의 뜻이니라."

이 구절 다음에 19절 "성령을 소멸하지 말며"라는 구절이 있다는 사실은 대개 간과하게 된다. 범사에 감사하는 일이야말로 성령을 소멸하게 하지 않는 기본 조건인 셈이다.

어떤 사람도 재물 앞에서는

賢人多財則損其志 현인다재즉손기지

賢(어질 현) / 人(사람 인) / 多(많을 다) / 財(재물 재) / 則(곧 즉) / 損(해칠 손) / 其(그 기) / 志(뜻 지)

賢 人 多 財 則 損 其 志

전한(前漢) 시대 선제(宣帝) 때 황제의 아들을 가르치는 태부(太傅)의 벼슬에까지 오른 소광(疏廣)이라는 자가 있었다. 나이가 많아 벼슬 자리에서 물러나니 황제와 태자가 그에게 많은 재물을 하사했다. 소광은 그 재물을 자신이나 자기 자손들을 위해 모아두지 않고 어렵게 사는 옛 친구들에게 모조리 나눠 주었다.

그런 소광의 행위를 두고 주위 사람들이 수군거렸다. "자손들을 위해 재산을 좀 남겨 놓을 일이지" 하며 혀를 차기도 했다.

그때 소광이 그 사람들에게 "현인다재즉손기지, 우인다재즉익기과(賢人多財則損其志, 愚人多財則益其過)"라는 유명한 말을 남겼다. 어진 사람이라도 재물이 많아지면 그 지조(志操)가 손상되고, 어리석은 사람이 재물이 많아지면 허물을 더하게 된다는 말이다.

어리석은 사람의 경우는 원래 분별력이 없어 여러 가지 허물을 저지르며 살고 있으므로 더 이상 설명할 필요가 없지만, 어진 사람도 많은 재물이 해롭다는 말은 언뜻 납득하기 어렵다. "그 슬기로 많은 재물을 잘 쓰면 되지 않느냐" 하고 반문할 만도 하다.

그러나 소광은 재물을 잘 쓸 줄 아는 자신의 어짐이나 슬기를 믿지 않고 아예 재물들이 자기 수중에서 떠나가도록 했다. 자신의 지조가 손상받을 위험을 아예 처음부터 차단한 셈이다.

잠언 11장 24절도 소광과 같이 재물을 나누는 자의 슬기에 대해 언급하고 있다. "흩어 구제하여도 더욱 부하게 되는 일이 있나니 과도히 아껴도 가난하게 될 뿐이니라."

억지로 향기를 풍기려 하지 않아도

有麝自然香 유사자연향

有(있을 유) / 麝(사향노루 사) / 自(스스로 자) / 然(그러할 연) / 香(향기 향)

有 麝 自 然 香

사향(麝香)은 사향노루 수컷의 향낭을 쪼개서 말린 향료이다. 향낭은 배꼽과 불두덩을 싸고 있는 주머니로 거기서 풍기는 향기가 강하기로 유명하다. 중국 여러 지역에서 나고 있지만 운남성(雲南省) 사향이 제일 좋다.

옛날 사람들은 향수를 뿌리는 대신 사향주머니를 차고 다녔다. 그 향기를 맡으면 성적인 흥분을 일으키는지 사향 냄새가 은은히 풍기는 여자들에게 반하는 남자들의 이야기가 중국 소설에서 자주 등장한다.

그렇게 소설가들은 사향을 성적인 것과 연결시키는 것을 좋아했지만, 사향이 꼭 그런 용도로만 쓰인 것은 아니다. 사람들에게 고상한 품위를 느끼게 해 주는 향료로 주로 쓰였다. 그래서 사향을 고귀하고 아름다운 성품에 비유하기도 한다.

'유사자연향(有麝自然香)', 사향을 지녔으면 저절로 향기를 풍긴다는 말은 고귀하고 아름다운 성품을 지녔으면 스스로 자랑하지 않더라도 자연히 세상에 알려지게 마련이라는 뜻이다. 사향을 지닌 자는 향기를 풍기기 위해 일부러 바람이 부는 곳으로 갈 필요가 없듯이, 고매한 인격의 소유자는 가만히 앉아 있어도 사람들이 인격의 향기를 맡고 모여들게 된다.

순자(荀子)도 '옥재산이초목윤(玉在山而草木潤)'이라 하여, 옥이 산에 있으면 초목도 윤이 나는 법인데 착한 덕을 쌓으면 어찌 소문이 나지 아니하겠느냐고 했다.

고린도후서 2장 14–15절은 그리스도인의 인격과 성품을 향기에 비유했다. "항상 우리를 그리스도 안에서 이기게 하시고 우리로 말미암아 각처에서 그리스도를 아는 냄새를 나타내시는 하나님께 감사하노라 우리는 구원 받는 자들에게나 망하는 자들에게나 하나님 앞에서 그리스도의 향기니"

그리스도의 향기를 지니면, 자연히 주변 사람들에게 좋은 영향력을 끼치게 될 것이다.

혼자 다니는 버릇은 버려야

深逕不宜獨行 심경불의독행

深(깊을 심) / 逕(소로 경) / 不(아닐 불) / 宜(마땅할 의) / 獨(홀로 독) / 行(갈 행)

深 逕 不 宜 獨 行

'심경(深逕)'은 으슥한 길이다. 으슥한 길은 혼자 다니는 것이 좋지 않다. 으슥한 길에는 강도나 맹수가 숨어 있을 수도 있고, 낭떠러지 같은 위험한 곳이 갑자기 나타날 수도 있다. 그런 길을 혼자 다니다가는 어떤 일을 당할는지 알 수 없고, 일을 당했을 때 옆에서 도와줄 사람이 없다.

망년회를 마치고 밤중에 혼자 으슥한 길을 걷다가 뚜껑이 열린 맨홀에 빠져 9일간 악전고투를 치른 끝에 겨우 구조된 50대의 남자가 있었다. 집안 식구들도 원래 그 사람은 아무 연락도 없이 며칠이고 출장을 다녀오기도 하는 사람이라 9일간이나 귀가하지 않아도 별로 신경을 쓰지 않았다. 직장도 비상근이라 그

쪽에서도 신경 쓰지 않고 해서, 그야말로 자기 혼자 사지를 벗어나려 무진 애를 썼다. 식구들에게 연락도 없이 출장을 가기도 하는 것으로 보아 그 사람은 간섭받지 않고 혼자 자유롭게 활동하기를 좋아하는 성미인 모양이다. 하지만 으슥한 길을 혼자 가는 것이 얼마나 위험한가를 그 사람은 뼈저리게 체험했을 것이다. 또한 으슥한 길은 다른 사람들의 시선이 미치지 않는 곳이므로, 혼자 다니면 유혹 받기 쉽고 죄를 범하기 십상이다. 으슥한 길일수록 친구와 사귐을 가지며 함께 가는 것이 좋다.

우리 인생은 근본적으로 '심경'이라 아니할 수 없다. '심경'과도 같은 이 인생길을 걸을 때는 무엇보다 지혜로운 자와 동행하는 것이 중요하다.

"지혜로운 자와 동행하면 지혜를 얻고 미련한 자와 사귀면 해를 받느니라"(잠 13:20).

오렌지족들에게 주는 교훈

惜糞如金 석분여금

惜(아낄 석) / 糞(똥 분) / 如(같을 여) / 金(황금 금)

惜 糞 如 金

인분 아끼기를 금과 같이 한다. 이것은 인분을 비료로 하여 농사를 짓던 시기의 이야기이다. 지금은 각종 인조 비료가 나와 있어 이 말의 의미가 그리 절박하게 다가오지는 않는다. 하지만 인조 비료로 인한 공해가 너무 심하여 인분과 퇴비를 비료로 삼아 무공해 농산물을 재배하려는 운동도 벌어지고 있기도 하다.

앞으로는 정말로 옛날처럼 인분을 금과 같이 아껴야 하는 시대가 올지도 모른다. 어쩌면 인분을 재료로 한 무공해 비료가 생산될 수도 있다.

'석분여금(惜糞如金)'과 대조되는 문구로는 '용금여분(用金如糞)'

이 있다. 돈 쓰기를 똥과 같이 한다는 말로서, 돈을 헤프게 쓰는 것을 풍자하는 문구이다. 대개 부동산 투기나 부정 축재, 도박이나 도둑질로 돈을 번 경우에는 돈을 헤프게 쓰게 마련이다. 돈을 버는 수고나 아픔을 모르기 때문이다.

돈 많은 부모로부터 용돈을 푸짐하게 타 쓰는 아이들도 '용금여분' 하기 십상이다. 어느 지역에서 이런 식으로 노는 아이들을 '오렌지족'이라고 부르는 모양인데, 황금이나 똥과 오렌지 색깔이 비슷한 점이 재미있다.

《명심보감》에서는 '석분여금' 하는 아이는 '성가지아(成家之兒)', 집안 살림을 일으키는 아이요, '용금여분' 하는 아이는 '패가지아(敗家之兒)', 집안을 망치는 아이라고 했다. '용금여분' 하지 않도록 어릴 적부터 자녀 교육을 성실히 하여 재물을 선한 데 쓰는 습관을 기르도록 해야 한다.

"내 아들아 내 지혜에 주의하며 내 명철에 네 귀를 기울여서 근신을 지키며 네 입술로 지식을 지키도록 하라"(잠 5:1–2). "네가 이 세대에서 부한 자들을 명하여 마음을 높이지 말고 정함이 없는 재물에 소망을 두지 말고 오직 우리에게 모든 것을 후히 주사 누리게 하시는 하나님께 두며 선을 행하고 선한 사업을 많이 하고 나누어 주기를 좋아하며 너그러운 자가 되게 하라"(딤전 6:17–18).

돈에 좌우되는 세상인심

世情便向有錢家 세정변향유전가

世(세상 세) / 情(정 정) / 便(곧 변) / 向(향할 향) / 有(있을 유) / 錢(돈 전) / 家(집 가)

世 情 便 向 有 錢 家

'변(便)'은 주로 '편할 편'으로 읽으나 여기처럼 '곧'이라는 의미로 쓰일 때는 '변'으로 발음된다. 오줌 혹은 똥의 의미로 쓰일 때도 '변'으로 읽는다.

'세정변향유전가(世情便向有錢家)'는 세상의 인정은 곧 돈 있는 집으로 쏠린다는 뜻이다. 이것은 하나의 바람직한 규범을 말하는 구절이 아니라 바람직하지 못한 세태를 풍자하는 구절이다. 돈 있는 집안에 경조사가 있으면 사방팔방에서 사람들이 구역구역 몰려드는 것만 보아도 이 문구가 세태를 그대로 반영하고 있는 셈이다.

이 문구 앞에는 '인의진종빈처단(人義盡從貧處斷)', 사람의 의리는 다 가난한 데서 끊어진다는 구절이 있다. 사람이 가난해지면 친구들도 멀리하고 친척들마저 소원하게 된다. 혹시 가난한 집에서 도움이라도 청할까 싶어 지레 부담을 느낀다. 가난한 사람들은 더욱 외로워지고 더 나아가 세상을 원망하게 된다.

《명심보감》 '성심편'에는 이런 내용의 문구들이 제법 많이 반복되고 있다. 가령, '빈거요시무상식 부주심산유원친(貧居鬧市無相識 富住深山有遠親)'이라는 문구도 그러한 내용이다. 가난하게 살면 번화한 거리에 살아도 사람들이 상종을 하지 않으려 하고, 부자로 살면 심심산골에 살아도 먼 데서 찾아오는 친구들이 있다는 뜻이다.

잠언 14장 20절, 19장 7절도 같은 내용으로 세태를 풍자하고 있다. "가난한 자는 이웃에게도 미움을 받게 되나 부요한 자는 친구가 많으니라", "가난한 자는 그의 형제들에게도 미움을 받거든 하물며 친구야 그를 멀리하지 아니하겠느냐 따라가며 말하려 할지라도 그들이 없어졌으리라."

자기 집안만 세우려 하다가는

害衆成家 해중성가

害(해할 해) / 衆(무리 중) / 成(이룰 성) / 家(집 가)

이 구절은 진종 황제(眞宗皇帝)의 어록 중에 들어 있는 말이다. 진종황제는 북송(北宋)의 제3대 황제로 거란족과의 오랜 분쟁을 해결하는 등 태평성대를 이루었다. 특히 송나라 문물의 융성을 이룬 황제로 유명하다. '해중성가(害衆成家)'는 자기 집안을 일으키기 위해 뭇사람을 해롭게 한다는 뜻이다.

지금까지 우리나라 정치 풍토는 정계에 진출하여 입신양명(立身揚名)하려는 사람들로 어지러울 대로 어지러웠다. 말하자면 정치 활동이 국가와 국민에 대한 봉사가 되지 않고, 개인적인 영달을 구하고 자기 집안을 일으키는 수단으로 전락했다. 대통령이라는 최고의 지위를 이용하여 그러한 사욕을 채운 사람들도 있으니 그 밑의 사람들이야 말해 무엇하겠는가.

문제는 그런 자들이 자기 집안과 일가친척을 일으키느라고 무수한 사람들을 해롭게 하는 데 있다. 국민의 세금을 도적질하는 일은 다반사로 해치우고, 심지어는 총칼로 양민을 살해하기도 하고 양심적인 인사들을 혹독하게 고문하기도 했다.

그런데 그 결말이 어떠한가? 진종황제가 말한 그대로 '해중성가'의 결과가 오히려 패가망신으로 귀결되고 있다.

예레미야도 자기들만 살찌우는 지도자들을 책망했다. "살지고 윤택하며 또 행위가 심히 악하여 자기 이익을 얻으려고 송사 곧 고아의 송사를 공정하게 하지 아니하며 빈민의 재판을 공정하게 판결하지 아니하니"(렘 5:28).

대대로 살아남을 수 있는 비결

施仁布德 시인포덕

施(베풀 시) / 仁(어질 인) / 布(베풀 포) / 德(덕 덕)

이 문구 역시 진종 황제가 한 말로, '손인이기(損人利己)', 남을 해롭게 하여 자기를 이롭게 한다는 구절이나 앞에서 살펴본 '해중성가(害衆成家)'와 같은 구절들과 대조를 이룬다. 여기서 자신과 자손들이 평안을 누리고 번영할 수 있는 비결 세 가지를 진종 황제의 어록에서 살펴보고자 한다.

첫째, '지위식험(知危識險)'이다. 앞에 가로놓여 있는 위태함을 알고 험함을 안다는 뜻이다. 분별없이 무턱대고 앞으로만 나가는 것이 아니라 어떤 위험이 도사리고 있는지 미리 내다보는 가운데 조심스럽게 나아가는 삶의 태도를 가리킨다. 그리하면 '종무라망지문(終無羅網之門)', 끝내 그물에 걸리는 일이 없을 것이라고 했다.

둘째, '거선천현(擧善薦賢)'이다. 착한 이를 기용하고 현명한 자를 천거한다는 뜻이다. '거선천현' 하면 '자유안신지로(自有安身之路)', 스스로 몸을 안전하게 하는 길이 있다고 했다. 왜냐하면 자기가 기용하고 천거한 사람이 나중에 든든한 방패와 보루가 되어 주기 때문이다. 누구를 천거하느냐 하는 것은 자신의 안전과 직결되는 문제라 아니할 수 없다.

셋째, '시인포덕(施仁布德)'이다. 어짐을 베풀고 덕을 널리 편다는 뜻이다. 이렇게 할 때 '세대지영창(世代之榮昌)', 자손 대대로 번영과 창성함이 있을 것이라고 했다.

'시인포덕'은 다음과 같이 성경에서 자주 강조하고 권면하는 내용이다. "네 손이 선을 베풀 힘이 있거든 마땅히 받을 자에게 베풀기를 아끼지 말며"(잠 3:27), "그는 종일토록 은혜를 베풀고 꾸어 주니 그의 자손이 복을 받는도다"(시 37:26), "잔치를 베풀거든 차라리 가난한 자들과 몸 불편한 자들과 저는 자들과 맹인들을 청하라 그리하면 그들이 갚을 것이 없으므로 네게 복이 되리니"(눅 14:13-14).

가려야 할 것 두 가지

居必擇隣交必擇友 거필택린교필택우

居(있을 거) / 必(반드시 필) / 擇(가릴 택) / 隣(이웃 린) / 交(사귈 교) / 必(반드시 필) / 擇(가릴 택) / 友(벗 우)

居 必 擇 隣 交 必 擇 友

반드시 이웃을 가려 거하고, 벗을 가려 사귀라는 뜻이다. 어떤 이웃이 있는 동네에 사느냐 하는 것은 결코 소홀히 할 수 없는 문제다. 맹모삼천(孟母三遷) 고사는 자라나는 아이들의 인격 형성에 이웃의 영향력이 얼마나 큰가 하는 것을 잘 말해 주고 있다.

스위스 같은 나라는 어느 동네에 들어가 살려고 하면 동네 사람들의 승인을 얻어야 한다. 자기들이 수백 년간 수십 년간 애써서 가꾸어 온 동네인데 이상한 이웃이 들어와서 동네 분위기를 흐려 버리면 안 되기 때문이다. 거주 이전의 자유가 제한되는 폐단이 있다고 하더라도, 그만큼 철저하게 이웃을 가리는 스위스이기에 그토록 아름다운 동네, 아름다운 나라를 이룩할 수 있었을 것이다.

어떤 벗을 가려 사귀느냐 하는 것 역시 인생에 있어 매우 중요한 문제임은 두말할 나위가 없다. 원래 '우(友)' 자는 손 두 개가 나란히 그려져 있는 상형 문자에서 발전된 글자이다. 일생 서로 손을 잡고 격려하며 아껴 주는 관계가 바로 우정이다. 어떤 때는 배우자가 해 줄 수 없는 말을 벗이 따끔하게 해 줌으로써 정신을 차리게 하는 경우도 있다. 그러나 나쁜 벗을 사귀게 되면 함께 멸망의 구렁텅이로 빠지게 된다.

필요할 때 아픈 책망을 할 줄 아는 친구가 가려 사귈 만한 벗이다. "친구의 아픈 책망은 충직으로 말미암는 것이나 원수의 잦은 입맞춤은 거짓에서 난 것이니라, 기름과 향이 사람의 마음을 즐겁게 하나니 친구의 충성된 권고가 이와 같이 아름다우니라"(잠 27:6, 9).

저 높은 곳을 향하여

入聖超凡 입성초범

入(들 입) / 聖(성스러울 성) / 超(넘을 초) / 凡(평범할 범)

대개 사람들의 삶은 평범하다. 세상 사람들이 살아가는 방식대로 그저 그렇게 살다가 다른 사람들과 마찬가지로 삶을 마감하는 것이 보통 사람들의 인생이다.

그러나 한편으로, 한 번 살다 가는 인생인데 평범한 수준을 뛰어넘어 좀 더 높은 차원의 삶, 더 나아가 성스러운 삶을 살고 싶은 갈증이 마음속에서 일어나기도 한다. 바로 이것이 '입성초범(入聖超凡)', 성스러운 삶에 들어가고 평범한 삶을 뛰어넘고자 하는 갈증이다.

마태복음 5장 6절도 이런 갈증을 표현했다. "의에 주리고 목마른 자는 복이 있나니 그들이 배부를 것임이요." 여러 세상 욕망에 주리고 목마른 상태를 벗어 버리고, 의에 주리고 목마른 상태로 들어가는 것이 '입성초범'의 첫걸음이라 할 수 있다.

《명심보감》에서는 '입성초범'은 진실을 통해서만 얻어질 수 있는 단계라고 했다. 말과 생각과 행실이 진실할 때만이 '입성초범'의 경지를 획득할 수 있다는 말이다.

한 점의 불티가 수만 평의 숲을 태우듯이, '반구비언(半句非言)', 한 마디도 채 안 되는 그릇된 말이 평생 쌓아 온 덕을 그르치고 허물어뜨릴 수 있다. 그러므로 무엇보다 말을 조심해야 한다. 그리고 몸에 한 오라기 실을 감아도 항상 베 짜는 여자의 수고로움을 생각하고, 하루 세 끼 식사를 할 때도 늘 농부의 고생을 생각해야 한다고 했다.

이런 진실한 말과 생각을 기초로 선행을 쌓으면 '입성초범'의 경지는 우리에게도 그림의 떡만은 아닐 것이다.

그 자식에 그 아버지

欲知其父先視其子 욕지기부선시기자

欲(하고자 할 욕) / 知(알지) / 其(그 기) / 父(아비 부) / 先(먼저 선) / 視(볼 시) / 其(그 기) / 子(아들 자)

欲 知 其 父 先 視 其 子

"그 아비를 알고자 하면 먼저 그 자식을 보라." 춘추 시대 진(晋)나라 사람이었던 왕량(王良)이라는 선비가 한 말이다. 그 나무를 알려면 그 열매를 보아야 한다. 나무와 열매는 결국 같은 말이라고 해도 과언이 아니다.

예수님도 마태복음 7장 16-17절에서 비슷한 말씀을 하셨다. "그들의 열매로 그들을 알지니 가시나무에서 포도를, 또는 엉겅퀴에서 무화과를 따겠느냐 이와 같이 좋은 나무마다 아름다운 열매를 맺고 못된 나무가 나쁜 열매를 맺나니." 아비가 나무라면, 자식은 열매에 해당한다.

자식의 인격과 성품이 형성되는 데 아비의 영향력은 지대하다. 그 자식을 보면 그 아비를 알 수 있다. 또한 이 말은 자기 일과 사업에 바빠 가정 교육을 소홀히 하고 있는 우리 시대의 아버지들에게 일종의 경고가 되기도 한다.

왕량은 '부자자효(父慈子孝)'라고 했다. 아비가 인자하면 자식이 효성스럽다는 말이다. 인자한 아버지는 어떠한 아버지인가? 무엇보다 자식을 품어 줄 줄 아는 아버지이다. 피상적인 관계 속에 이래라저래라 잔소리만 늘어놓는 아버지가 아니라, 깊은 사랑으로 자식과 내면이 통하는 대화를 나누는 아버지이다.

물론 자식이 잘못할 때는 아픈 심정으로 매를 들 줄 아는 아버지이다.

너무 혼자 똑똑하면

水至淸則無魚 수지청즉무어

水(물 수) / 至(지극히 지) / 淸(맑을 청) / 則(곧 즉) / 無(없을 무) / 魚(고기 어)

물이 지극히 맑으면 고기가 없다. 이 문구는 공자의 가르침과 행적을 모은 열 권짜리 《공자가어(孔子家語)》라는 책에 수록되어 있는 말이다. 《공자가어》가 과연 공자에 관한 참된 기록을 담고 있는지 의심스러운 점이 있긴 하지만, 그래도 인생에 관한 교훈들이 대부분이므로 진지하게 경청할 만하다.

물이 어느 정도 맑으면 모르는데, 지극히 맑으면 도리어 고기가 살지 않는 이유는 무엇인가? 무엇보다 고기가 필요로 하는 영양분이 그 지극히 맑은 물에는 별로 없다. 플랑크톤같이 여러 가지 부유하는 작은 생물들이 있어야 고기는 그것을 먹고 살아가는 법이다.

또한 지극히 맑은 물에는 몸을 가려 숨어 있기가 어려우므로 고기가 거기에 산다는 것은 위험을 자초하는 일이다. 이래저래 고기는 지극히 맑은 물을 피하게 마련이다.

'수지청즉무어(水至淸則無魚)', 이 문구는 바로 다음 구절을 말하기 위한 비유인 셈이다. '인지찰즉무도(人至察則無徒)', 사람이 지극히 살피면 따르는 친구가 없다고 했다. 사람이 원리 원칙에 충실한 나머지 판단하고, 따지기를 잘하고, 조금도 다른 사람의 결점을 용납하려 들지 않는다면, 그런 사람 옆에는 친구들이 붙어 있을 리 없다. 약간 모자란 듯하면서 주위 사람들을 포용할 줄 아는 사람에게 친구들이 모여드는 법이다.

부족한 친구들끼리 철과 철이 마찰하듯 서로 부딪히면서 성장해 나가는 법이다. "철이 철을 날카롭게 하는 것 같이 사람이 그의 친구의 얼굴을 빛나게 하느니라"(잠 27:17).

빛을 싫어하는 사람들

盜者憎其照鑑 도자증기조감

盜(도둑 도) / 者(놈 자) / 憎(미워할 증) / 其(그 기) / 照(비출 조) / 鑑(비칠 감)

盜 者 憎 其 照 鑑

여기서 '그 기(其)'는 문맥상 추월(秋月), 가을 달을 가리킨다. 가을에는 하늘이 맑아서 그런지 다른 계절보다 달이 더 밝게 비친다. 특히 한가위 보름달은 더욱 크고 둥글고 밝게 빛난다. 사람들은 가을 달이 밝게 비치는 것을 좋아하고, 그 달의 정취를 만끽하려 한다. 그리고 어두운 밤길을 갈 때 달이 밝게 비치면 안전하게 다닐 수 있다. 이태백을 비롯하여 얼마나 많은 시인들이 가을 달의 아름다움을 노래하였던가.

그러나 '도자증기조감(盜者憎其照鑑)', 도둑질하려는 자는 가을 달이 밝게 비치는 것을 싫어한다. 가을 달의 밝은 빛이 도적의 행위를 드러내어 비추기 때문이다. 어두움 속에서 일을 도모하려는 자는 빛을 싫어한다. 양심이 내면에서 빛을 발하는 것을 싫어하여 어찌하든지 양심을 스스로 마비시키려 한다.

양심이나 윤리 도덕의 빛보다 더 밝은 빛이 있다. 그것은 초월적인 신의 빛이다. 그 빛 앞에서는 만물이 벌거벗은 것같이 드러난다. 인간들은 자신의 벌거벗은 모습을 보기 싫어서 자기 눈을 가리고 무화과나무 잎 같은 것으로 치장하고 어두움 속으로 숨지만, 어두움은 결코 빛을 피할 수도 이길 수도 없는 법이다.

요한복음 3장 19-20절은 이 사실을 분명히 밝히고 있다. "그 정죄는 이것이니 곧 빛이 세상에 왔으되 사람들이 자기 행위가 악하므로 빛보다 어둠을 더 사랑한 것이니라 악을 행하는 자마다 빛을 미워하여 빛으로 오지 아니하나니 이는 그 행위가 드러날까 함이요."

직접 눈으로 본 것도 믿을 수 없거늘

背後之言豈足深言 배후지언기족심언

背(등 배) / 後(뒤 후) / 之(의 지) / 言(말씀 언) / 豈(어찌 기) / 足(족할 족) / 深(깊을 심) / 言(말씀 언)

背 後 之 言 豈 足 深 言

등 뒤에서 하는 말을 어찌 족히 깊이 믿을 것인가. 이 문구 앞에 '경목지사 공미개진(經目之事, 恐未皆眞)'이라는 구절이 있다. 눈을 거쳐 간 것, 다시 말해 직접 눈으로 본 일도 모두 거짓된 것이 아닌가 두렵다는 말이다.

사실 우리가 육안으로 보는 것도 착시 현상이니 맹점이니 하여 그대로 믿을 수 없다는 것이 과학적으로도 증명이 되고 있다. 색깔에 관해서도 적외선이니 자외선이니 색맹이니 하여 우리가 보는 것에 한계가 있고 착오가 있을 수 있다는 점이 밝혀진 지 오래다. 자기 눈으로 분명히 본 것도 참이라고 다 믿을 수 없는 판인데, 누가 등 뒤에서 하는 말을 어찌 진실이라고 깊이 받아들일 수 있겠느냐는 것이다.

하지만 세상 사람들은 묘하게도 누가 등 뒤에서 한 말을 들은 것에 불과한데도 진실인 양 믿고 떠벌리고 다니는 경향이 있다. 좀 더 정확하게 말하면, 등 뒤에서 들려온 그런 소문들 가운데서 자기가 믿고 싶은 것은 어찌하든지 진실이라고 믿으려는 습성이 있다.

잠언 17장 4절도 인간의 이런 잘못된 습성을 지적하고 있다. "악을 행하는 자는 사악한 입술이 하는 말을 잘 듣고 거짓말을 하는 자는 악한 혀가 하는 말에 귀를 기울이느니라."

각 당의 정치인들이 뜬소문을 가지고 서로 쟁론하는 것을 보면 가관이다. 정치에도 미학, 특히 대화의 미학이 있어야 하는 법이다. 사회적 책임이 있는 공당의 정치인들이 등 뒤에서 들은 소리를 진실인 양 믿고 떠벌려서야 되겠는가.

죄를 지어도 걸리지만 않으면 되겠지

罪拘薄福人 죄구박복인

罪(허물 죄) / 拘(잡을 구) / 薄(엷을 박) / 福(복 복) / 人(사람 인)

여기서 말하는 죄는 문맥상으로 볼 때 '장람(贓濫)죄'를 가리킨다. 장람죄는 뇌물을 받고 부정을 저지르는 범죄이다. 이런 죄를 지은 사람들이 천하에 가득하건만 운이 없는 박복한 사람들만이 죄가 들통나 감옥에 간다는 말이다. 아니, 죄가 들통이 나더라도 법망을 요리조리 피할 줄 아는 재주를 가진 자는 용케 빠져나간다. 그렇게 법망을 빠져나가는 자들은 대개 거물급들이다.

홍콩의 어느 신문이 "한국은 뇌물 천국"이라는 기사를 실었다가 한국 정부의 항의를 받고서 사과 기사를 실은 적이 있다. 부정부패 척결을 부르짖는 정부에서도 크고 작은 뇌물들이 쉴

새 없이 오가고 있다. 장람죄로 사람들이 처벌받는 것을 두 눈으로 빤히 보면서도 왜 겁도 없이 뇌물들을 계속 주고받는가? '운이 나쁘면 걸리는 거고 운이 좋으면 걸리지 않겠지' 하는 해이한 심리 때문이다.

'죄구박복인(罪拘薄福人)'이 바로 그런 심리를 잘 표현하고 있다. 죄를 짓더라도 '박복인', 복이 없는 사람만 걸린다는 말이다. '복이 없는 사람'은 재수 없는 사람일 뿐 아니라 가난하거나 권력 없는 사람을 가리킨다. 이런 자들은 불공평하게 재판을 받는 바람에 감옥에 갇히는 경우가 많다.

이사야도 이런 사실에 대해 경고하고 있다. "어찌하여 너희가 내 백성을 짓밟으며 가난한 자의 얼굴에 맷돌질하느냐 주 만군의 여호와 내가 말하였느니라 하시도다"(사 3:15), "가난한 자를 불공평하게 판결하여 가난한 내 백성의 권리를 박탈하며 과부에게 토색하고 고아의 것을 약탈하는 자는 화 있을진저"(사 10:2).

평소에 안 하던 짓을 하면

人若改常 不病卽死 인약개상 불병즉사

人(사람 인) / 若(만일 약) / 改(고칠 개) / 常(보통 상) / 不(아닐 불) / 病(병 병) / 卽(곧 즉) / 死(죽을 사)

人 若 改 常　不 病 卽 死

여기서 '고칠 개(改)'는 나쁜 것을 좋은 것으로 고친다는 의미가 아니라 그냥 '바꾼다, 벗어난다'라는 뜻으로 보면 되겠다. '인약개상 불병즉사(人若改常 不病卽死)'는 사람이 만약 상도(常道)를 벗어나면 병들거나 죽는다는 뜻이다.

사람의 몸은 정해진 법도를 따라 그 생명이 유지된다. 일단 호흡을 통해 산소가 체내로 들어가야 하고, 심장이 뜀에 따라 혈관을 통해 피가 구석구석 흘러야 하고, 신경 조직들이 활발하게 움직여야 한다. 이러한 상도를 거스르면 어딘가 고장이 나게 마련이고, 심하면 죽음에까지 이른다. 호흡 같은 것은 몇 분간만 정지되어도 죽기 십상이다. 우리의 몸이 상도에서 벗어나지 않도록 늘 조심하는 것이 생명을 이어 가는 비결이다.

더욱 중요한 것은 우리의 정신이다. 대개 몸이 상도에서 벗어나게 되는 것은 정신의 해이와 방탕에서 기인한다. 그런 경우에는 몸이 상도를 벗어나고 있다는 것을 미처 눈치채지도 못한다. 그러다가 어느 날 갑자기 몸에 이상이 생긴 것을 발견하게 되지만 이미 때는 늦어 회복하는 데 오랫동안 고생을 하거나 영영 회복되지 못하기도 한다.

사람이 안 하던 짓을 하면 죽는다는 말이 있다. 안 하던 짓이란 바로 상도를 벗어난 짓을 가리킨다.

성경은 좌우로 치우치지 않고 하나님의 법도를 따라 사는 것이 생명의 비결임을 강조하고 있다. "주의 법이 나의 즐거움이 되지 아니하였더면 내가 내 고난 중에 멸망하였으리이다 내가 주의 법도들을 영원히 잊지 아니하오니 주께서 이것들 때문에 나를 살게 하심이니이다"(시 119:92–93).

곧은 먹줄 같은 충고의 말

木從繩則直 목종승즉직

木(나무 목) / 從(좇을 종) / 繩(먹줄 승) / 則(곧 즉) / 直(곧을 직)

木 從 繩 則 直

이 구절은 나무가 먹줄을 따르면 곧게 된다는 뜻이다. 공자가 한 말이다. 여기서 나무는 산이나 들에 자라는 나무가 아니라 목재로 베어 온 나무이다.

톱으로 목재를 켤 때 목수는 먼저 먹줄로 줄을 긋는다. 팽팽한 먹줄을 한 번 들었다 놓으면 검은 직선이 목재에 선명하게 그려진다. 그 선을 따라 톱질을 하면 목재가 곧게 켜지게 마련이다. 그러나 먹줄을 무시하고 자기 경험이나 감각을 따라 톱질을 하다 보면 자기도 원치 않게 비뚜로 켜기 십상이다.

이것을 사람에게 적용한 구절이 '인수간즉성(人受諫則聖)'이다.

사람이 다른 사람의 충고를 받아들이면 거룩하게 된다는 말이다. 다른 사람의 진실한 충고는 먹줄과 같아서 그것을 따라 행하면 바르게 살게 되어 거룩함의 경지로 나아갈 수 있다.

사람은 자기가 어떤 방향으로 나아가는지 잘 모를 때가 있다. 자기 딴에는 바르게 간다고 하나 큰 위험과 멸망이 기다리는 길을 가고 있는 경우가 적지 않다. 그럴 적에는 옆에서 지켜보는 친구나 스승, 부모들이 그 사람의 위험한 상황을 더 잘 파악하고 충고를 하게 된다. 이때 그 충고를 받아들여 방향 수정을 하면 좋은 결과를 얻게 된다. 하지만 다른 사람의 충고를 무시하고 자기 고집대로 계속 나아가다가는 큰 낭패를 당하게 된다.

우리의 삶에도 '먹줄'이 필요하다. 가장 확실한 '먹줄'은 하나님께서 그어 주시는 줄, 곧 하나님의 말씀이다. "주의 말씀은 내 발에 등이요 내 길에 빛이니이다 주의 의로운 규례들을 지키기로 맹세하고 굳게 정하였나이다"(시 119:105-106).

하나님의 '먹줄'을 따라 살아가면 곧은 삶을 통해 거룩함에 이를 수 있다.

바꾸어야 하는 복의 개념

人虧我是福 인휴아시복

人(사람 인) / 虧(이지러질 휴) / 我(나 아) / 是(이 시) / 福(복 복)

人 虧 我 是 福

좀 어려운 한자인 '휴(虧)'는 흔히 달이 이지러지는 형용을 가리킨다. 여기서는 타동사로 '이지러지게 하다, 해롭게 하다'라는 뜻이다. '인휴아시복(人虧我是福)'은 다른 사람이 나를 해롭게 하는 것이 복이라는 뜻이다. 송(宋)나라 유학자 소강절(邵康節)이 한 말이다.

어떤 사람이 점을 치러 가 물었다. "어떤 것이 화(禍)이며 어떤 것이 복입니까?" 그러자 이런 대답이 돌아왔다. "'아휴인시화(我虧人是禍)', 내가 남을 해롭게 하면 그것이 화요, 다른 사람이 나를 해롭게 하면 그것이 복이다." 이 대답은 얼핏 보기에 평범한 것 같지만, 사실은 상식을 뒤집는 역설적인 진리를 내포하고 있다.

사람들은 대개 다른 사람이야 어떻게 되든 자기 복을 얻기에만 신경을 쓰는 편이다. 그런 와중에서 부지불식간에 또는 고의적으로 다른 사람들의 이익을 자기 것으로 빼앗기도 한다. 말하자면 다른 사람을 해롭게 하는 어떤 부분이 나에게 복으로 돌아온다고도 할 수 있다.

반대로 다른 사람이 나를 해롭게 하여 나의 이익을 빼앗아 가면 그것이 나에게는 화인 것처럼 여겨진다. 그러나 '인휴아시복'은 상식적인 화복의 개념을 뒤집어 놓는다.

신유의 은사를 활용했던 멀린 캐로더스(Merlin Carothers) 목사는 병 낫기를 기도하는 사람들이 왜 다 낫지를 않는지 하나님께 물었다. 그러자 병 낫기를 기도하기보다 남을 해롭게 하고 있는 부분을 먼저 고치면 병이 나을 거라는 응답이 돌아왔다.

마태복음 5장 10-11절도 박해를 받고 손해를 보는 것이 복이라고 선포하고 있다. "의를 위하여 박해를 받은 자는 복이 있나니 천국이 그들의 것임이라 나로 말미암아 너희를 욕하고 박해하고 거짓으로 너희를 거슬러 모든 악한 말을 할 때에는 너희에게 복이 있나니."

결국 인생은 빈손으로 가는 것을

大廈千間夜臥八尺 대하천간야와팔척

大(큰 대) / 廈(큰집 하) / 千(일천 천) / 間(방 간) / 夜(밤 야) / 臥(누울 와) / 八(여덟 팔) / 尺(자 척)

大 廈 千 間 夜 臥 八 尺

큰 집이 천 개의 방이라도 밤에 누워 자는 곳은 여덟 자뿐이라는 뜻이다. 집은 원래 원시 시대 동굴로부터 시작되었다. 비바람과 맹수의 습격을 막고, 불을 피워 음식을 조리해 먹고, 잠을 편히 잘 수 있는 동굴이면, 집으로서 족했다.

중국 역사를 보면, 요순(堯舜) 시대 임금들도 초가집을 궁궐로 삼아 선정을 베풀었다. 그런데 어느 임금이 인도에서 들여온 상아 젓가락을 사용하면서부터 요순 시대의 근검절약이 깨어지기 시작했다. 상아 젓가락을 사용하니 거기에 맞는 밥그릇과 밥상을 새로 고급스럽게 만들어야 했다. 그러자 방의 가구들도 달라지고 방이 달라지고 결국 집 전체가 달라졌다. 상아 젓가락 하나가 사치스러운 궁궐이 세워지게 된 원인이 된 셈이다. 하지만 아무리 방이 천 개나 되는 넓고 화려한 집에 산다고 해도 밤에 잠자리로 차지할 수 있는 공간은 여덟 자 안팎일 뿐이다.

칭기즈 칸이 유라시아를 통틀어 어마어마한 영토를 차지했지만 결국 얼마 되지 않는 넓이의 무덤에 빈손으로 누웠을 뿐이다. 칭기즈 칸이 자기를 관 속에 넣을 때 두 손을 관 밖으로 내놓으라고 유언한 일화는 너무나 유명하다. 자신의 장례 의식을 통해, 인생은 결국 빈손으로 간다는 것을 보여 주고자 했던 것이다.

디모데전서 6장 7–8절도 우리네 인생이 '공수래공수거'임을 천명하고 있다. "우리가 세상에 아무것도 가지고 온 것이 없으매 또한 아무것도 가지고 가지 못하리니 우리가 세상에 아무것도 가지고 온 것이 없으매 또한 아무것도 가지고 가지 못하리니 우리가 먹을 것과 입을 것이 있은즉 족한 줄로 알 것이니라."

9장

인생의 지혜에 관하여

아무리 친한 사이라고 하더라도

頻來親也疎 빈래친야소

頻(자주 빈) / 來(올 래) / 親(친할 친) / 也(또한 야) / 疎(성길 소)

頻 來 親 也 疎

주로 말의 끝에 붙어서 단정, 감탄, 의문의 뜻을 나타내는 어조사 '야(也)'는 여기서는 '또한 야'라는 의미로 쓰여 말의 중간에 들어가 있다. 그래서 '빈래친야소(頻來親也疎)'는 자주 오면 친한 사이도 멀어지게 된다는 뜻이다.

사람이 서로 사귀게 되는 과정을 살펴보자. 처음에는 서로 모르고 있다가 상대방의 말과 행동을 통해 성격과 인품을 알게 되고 친해 볼 만한 사람이라는 느낌이 들면 그때부터 친교가 시작된다. 물론 어떤 이해관계가 앞서서 사람의 성품이야 어떻든 무조건 친해 보자는 식으로 나오기도 하지만, 그런 경우에도 나중에는 서로의 인격에 끌리는 교제로 접어들곤 한다.

이렇게 친해지면 차츰 허물이 없어져 농담들이 자연스레 오가고 상대방을 만나는 횟수도 빈번하게 된다. 그러나 아무리 허물없는 사이라 하더라도 너무 자주 찾아가면 부지불식간에 폐를 끼치게 되고 친밀한 감정에 흠이 가기 십상이다. 서로 친한 사이일수록 지켜야 할 예의가 또 있는 법이다.

부부유별(夫婦有別)을 강조한 이유도 바로 이런 이유에서일 것이다. 부부만큼 친한 관계가 없지만, 그런 관계일수록 깎듯이 지켜야 할 예의 또한 있어야 한다. 친구 관계도 마찬가지다. 더군다나 찾아가서 아예 오래 머무는 경우는 친한 사이가 멀어지는 정도가 아니라 천하게 여김을 받기까지 한다.

《예기(禮記)》를 보면 예절의 기본을 '유불유절(禮不踰節)'이라고 했다. 아무리 친해도 절도를 넘지 않아야 한다는 것이다.

성경에서 가장 감동적인 친구 관계는 다윗과 요나단의 우정이다. "다윗이 사울에게 말하기를 마치매 요나단의 마음이 다윗의 마음과 하나가 되어 요나단이 그를 자기 생명같이 사랑하니라"(삼상 18:1). 다윗과 요나단은 생명을 나눌 만큼 친밀한 관계였지만, 항상 서로 공경하며 절도를 넘지 않았다.

누구에게 책임을 돌려서야

色不迷人人自迷 색불미인인자미

色(여색 색) / 不(아닐 불) / 迷(미혹할 미) / 人(사람 인) / 人(사람 인) / 自(스스로 자) / 迷(미혹할 미)

色 不 迷 人 人 自 迷

여색이 사람을 미혹시키는 것이 아니라 사람이 스스로 미혹에 빠진다는 뜻이다. 남자가 매혹적인 여자에 빠져 건강이 상하고 생활에 파탄이 오는 등 곤란한 지경을 당하게 되면, 으레 여자에게 책임을 돌리고 원망하기 십상이다. 마치 여자가 먼저 유혹을 해서 끌려든 듯이 핑계를 댄다.

그러나 《명심보감》은 여자가 미혹시킨 것이 아니라 본인 스스로 미혹된 것이라고 한다. 어떤 여자가 미혹시킨다기보다 자기 마음속에 있는 육신의 정욕에 끌려 미혹을 자초하는 것이라는 말이다.

그러니, 어떤 여자가 없어져야 해결되는 문제가 아니라 자기 속에 있는 정욕의 문제를 먼저 해결해야 한다. 술도 마찬가지다. '주불취인인자취(酒不醉人人自醉)', 술이 사람을 취하게 하는 것이 아니라 사람이 스스로 취하는 것이다.

예수의 동생이 썼다고 전해지는 야고보서 1장 14절에서도 "오직 각 사람이 시험을 받는 것은 자기 욕심에 끌려 미혹됨이니"라고 했다. 그리고 1장 15절에 "욕심이 잉태한즉 죄를 낳고 죄가 장성한즉 사망을 낳느니라"라고 하여 자기 욕심에 끌린 미혹의 결과가 얼마나 무서운가를 경고하고 있다.

꾀만 부리는 지도자는 자격 상실

天下拙刑政徹 천하졸형정철

天(하늘 천) / 下(아래 하) / 拙(졸할 졸) / 刑(형벌 형) / 政(정사 정) / 徹(통할 철)

天 下 拙 刑 政 徹

북송의 유학자요 주자학의 원조인 주염계(周濂溪)가 한 말이다. '형정(刑政)'은 요즘 말로 하면 사법과 행정을 가리킨다. 옛날 행정은 입법까지 포함하므로 형정은 나라를 다스리는 정치 전반을 의미한다. '천하졸형정철(天下拙刑政徹)'은 천하가 졸하면 정치가 두루 통한다는 뜻이다. 정치가 잘 행해져서 밝은 세상이 된다는 말이다.

그런데 '졸하다'의 뜻이 무엇인가. 앞의 문장들을 살펴보면 '졸(拙)'은 '교(巧)'와 대조를 이룬다. '교'는 재주와 꾀를 부리는 것이요, 반면에 졸은 재주도 없고 꾀를 부릴 줄도 몰라 어리숙하게 보이나 순박하고 진실한 상태를 가리킨다. 그래서 교자(巧者)

는 말을 잘하고 졸자(拙者)는 말이 없으며, 교자는 자기 꾀에 속아 수고로운 일이 많으나 졸자는 한가하게 즐길 줄 안다고 했다. '교자적(巧者賊)', 교자는 남을 해롭게 하나 '졸자덕(拙者德)', 졸자는 남을 이롭게 한다고 했다.

이렇게 졸(拙)의 개념을 풀이한 후에 '천하졸형정철'이라고 했다. 다스리는 자나 다스림을 받는 자가 모두 졸하면 정치가 잘 되는 것은 두말할 나위가 없다. 무엇보다 특히 다스리는 자, 다시 말해 정치 지도자들이 교자가 되지 않고 졸자가 되는 것이 중요하다. 좀 어리숙한 데가 있고 순박한 구석이 있어야 한다는 말이다.

잠언 20장 28절은 정치 지도자가 지녀야 할 성품에 대해 언급하고 있다. "왕은 인자와 진리로 스스로 보호하고 그의 왕위도 인자함으로 말미암아 견고하니라." 인자와 진리가 '졸'과 일맥상통한다.

차라리 병을 더 앓는 것이

病加於小愈 병가어소유

病(병 병) / 加(더할 가) / 於(어조사 어) / 小(작을 소) / 愈(나을 유)

전한(前漢) 시대 유향(劉向)이 편찬한 《설원(說苑)》이라는 책에 나오는 문구이다. '병은 조금 낫는 데서 더해진다'라는 말이 무슨 뜻인가?

사람이 병이 들어 얼마간 자리에 누워 있으면 여러 가지 생각이 오간다. 우선 돌아다닐 수가 없어 답답하기에, 병이 낫기만 하면 여기도 가 보고 저기도 가 봐야지 공상을 한다. 음식을 잘 먹을 수 없는 경우에도, 병이 낫기만 하면 이것도 먹어 보고 저것도 먹어 봐야지 생각한다.

그러다 조금 병이 낫게 되면 숨통이 트이면서 자기 딴에는 병이 다 나은 것 같은 착각이 들기도 한다. 먹고 싶은 음식도 먹어 보고 가 보고 싶은 데도 가 보고 더 나아가 정욕적인 쾌락도 맛본다. 방심한 가운데 돌아다니다가 자기도 모르게 병은 더욱 깊어진다.

그런 사람은 차라리 좀 더 길게 앓다가 완전히 나았을 때 자리에서 일어나는 것이 더 좋았을 것이다.

《설원》에서는 '신종여시(愼終如始)', 처음에 삼가하던 대로 끝까지 삼가할 것을 강조하고 있다. 병뿐만 아니라 사업을 하는 경우도 이와 비슷하다. 사업이 어려울 때보다 사업이 약간 잘 풀릴 때가 더 위험한 법이다.

영적인 상태도 마찬가지다. 고린도전서 10장 12절에서도 그런 점을 경계하고 있다. "그런즉 선 줄로 생각하는 자는 넘어질까 조심하라."

이 세상에서 가장 값진 보배

尺璧非寶寸陰是競 척벽비보촌음시경

尺(자 척) / 璧(둥근 옥 벽) / 非(아닐 비) / 寶(보배 보) / 寸(치 촌) / 陰(세월 음) / 是(이 시) / 競(겨룰 경)

尺 璧 非 寶 寸 陰 是 競

여기서는 척벽(尺璧)과 촌음(寸陰)이 대조를 이룬다. "한 자나 되는 둥근 옥도 보배가 아니니 한 치의 시간을 다투라." 다시 말해, 한 자나 되는 둥근 옥보다는 한 치의 시간이 더 보배롭다는 뜻이다.

둥근 옥은 이 사람 저 사람 손을 거치면서 오랜 세월 동안 남아 있지만, 한 치의 시간은 한 번 지나가면 다시는 돌아오지 않는다. 보배라는 것은 흔히 희소가치로 값을 매기게 되는데, 그런 희소가치 측면에서 보더라도 한 치의 시간이 한 자의 둥근 옥보다 더 높은 값을 받아야 마땅하다.

그런데 사람들은 둥근 옥과 같은 보배에는 관심이 많으면서도 자기 곁을 지나가는 무수한 시간의 보배들에 대해서는 별로 관심이 없다. 그렇게 엄청난 보배들을 잃어버리고도 그 사실조차 모르고 지낸다.

에베소서 5장 16절에서도 “세월을 아끼라 때가 악하니라”라고 했다. 시간은 금이라는 말을 자주 들으면서도 그저 건성으로 한 귀로 듣고 한 귀로 흘려 버린다.

그러나 촌음(寸陰)이 바로 척벽(尺璧)보다 귀한 보배라는 사실을 깨닫는다면 그 사람의 인생은 놀랍게 달라질 것이다.

서울대 인문사회 계열에서 수석으로 합격했던 장승수 군은 삯바느질하는 어머니 밑에서 온갖 막노동을 하면서도 지난 6년간 촌음을 보배처럼 아껴 대학 입시를 준비했다. 둥근 옥보다 값진 결과를 얻은 셈이다.

아무리 자기 입맛에 맞는다고 해도

羊羹雖美衆口難調 양갱수미중구난조

羊(양 양) / 羹(국 갱) / 雖(비록 수) / 美(맛 좋을 미) / 衆(무리 중) / 口(입 구) / 難(어려울 난) / 調(고를 조)

羊 羹 雖 美 衆 口 難 調

'미(美)' 자는 '양(羊)' 자와 '대(大)' 자가 합해진 글자이다. 양이 크고 살찐 것이 맛있다는 데서 '미(美)'는 원래 맛이 좋다는 뜻으로 쓰이다가 차츰 아름답다는 뜻으로 쓰이게 되었다. 지금에 와서는 아름답다는 뜻으로 쓰이는 경우가 더욱 많아졌다.

'양갱수미중구난조(羊羹雖美衆口難調)'에 나오는 '미(美)'는 처음 글자가 생겼을 때의 뜻과 똑같이 양고기의 좋은 맛을 가리킨다. 양고기 국이 비록 맛이 좋을지라도 뭇사람의 입을 고르게 맞추기는 어렵다는 뜻이다.

사람들에게 자기중심적으로 생각하는 버릇이 있는 것은 어쩌면 당연한 일인지 모른다. 오감(五感)을 활용하는 면에서도 마찬가지인데 그중에서도 특히 미각(味覺)은 더욱 자기중심적이다.

칼국수를 좋아하는 대통령이 기거하는 청와대로 초대를 받은 사람은 싫든 좋든 칼국수를 먹고 와야 하는 때가 있다. 이것은 대통령의 개혁 의지를 보여 주는 상징적인 행위이긴 하지만, 만약 대통령이 칼국수를 좋아하지 않았다면 청와대 메뉴는 달라졌을 것이다.

그런데 양고기 국이 비록 맛이 있다고 해도 뭇사람의 입을 고르게 맞추기는 어렵듯이, 아무리 좋은 정책도 뭇 백성의 마음을 고르게 만족시키기는 어려운 법이다. 정치 지도자는 이 사실을 늘 염두에 두고 자기중심적으로 강요해서는 안 된다.

정책을 밀어붙이기보다 형편이 어려운 백성까지 돌아보는 세심한 배려가 필요하다. "왕이 가난한 자를 성실히 신원하면 그의 왕위가 영원히 견고하리라"(잠 29:14).

산에 들어가 호랑이를 잡는 편이

開口告人難 개구고인난

開(열 개) / 口(입 구) / 告(알릴 고) / 人(사람 인) / 難(어려울 난)

입을 열어 남에게 고하기는 어렵다는 뜻이다. 무엇을 고하는 것이 어렵다는 말인가? 자신의 딱한 사정을 고하는 것이 어렵다는 말이다. 사람에게는 체면과 염치라는 것이 있어서 어떤 때는 그것이 목숨보다도 더 소중하게 여겨지기도 한다.

실직 상태에서 남에게 취직자리를 부탁하러 다니는 것은 정말 어렵다. 겨우 취직을 해서 재정 보증을 서 줄 사람을 찾을 때도 그 사정을 남에게 고하는 것이 여간 어려운 일이 아니다. 형제간에도 재정 보증을 잘 서 주지 않아 일정한 금액을 정기적으로 납부하면서 보증 보험 회사의 도움을 받는 경우가 많다.

어디 남에게 고하기 어려운 사안들이 취직 부탁과 보증 부탁뿐이겠는가. 각자 처한 형편에 따라서 참으로 남에게 털어놓기 어려운 딱한 사정들이 있을 것이다.

요즘 자영업자들 사이에서는 큰 어려움을 당하고서 귀한 목숨까지도 스스로 버리는 일이 종종 일어나고 있다. 자신의 딱한 사정을 남에게 고해 보기도 했겠지만, 그것이 얼마나 어려운지 더욱 절감하면서 이렇게 구질구질하게 사느니 차라리 목숨을 끊는 것이 낫지 않겠나 마음먹었을 것이다.

《명심보감》에서는 입을 열어 남에게 딱한 사정을 고하는 것보다 '입산금호이(入山擒虎易)', 산에 들어가 호랑이를 잡는 편이 더 쉽다고 했다.

야곱의 막내아들 요셉은 형제들에 의해 애굽으로 팔려 갔다가 바로의 친위 대장 보디발 집에서 사환으로 일했다. 보디발 아내의 유혹을 뿌리친 요셉은 오히려 성추행 누명을 쓰고 감옥에 가게 된다(창 39:17-20). 요셉은 자신의 억울한 사정을 고하고 공평한 재판을 받을 길이 없었다. 그야말로 '개구고인난'이었다.

이와 같이 억울한 일을 당하고도 권력의 하수인이 된 수사기관과 사법 기관에 제대로 고할 수 없는 경우가 있어서는 안 될 것이다.

이웃사촌이 친척보다

遠水不救近火 원수불구근화

遠(멀 원) / 水(물 수) / 不(아닐 불) / 救(건질 구) / 近(가까울 근) / 火(불 화)

遠 水 不 救 近 火

먼 물이 가까운 불을 구하지 못한다는 뜻이다. 지금 여기 불이 났는데 아무리 물이 풍성한 강이 있다고 해도 멀리 떨어져 있으면 불을 끄는 데 아무 소용이 없다. 황하와 같은 거대한 강도 멀리 떨어져 있으면 가까운 우물의 한 바가지 물보다 불을 끄는 데 도움이 되지 못한다.

이 문구는 '원친불여근린(遠親不如近隣)'이라는 구절을 설명하기 위한 비유다. 먼 곳의 친척은 가까운 이웃만 못하다는 뜻이다. 집안에 크고 작은 일들이 생길 때 가까운 이웃이 얼마나 도움이 되는지 모른다.

먼 곳에서 친척 대우만 받기 바라는 사람들은 다른 친척에게 어려움이 생겼을 때 모르는 척 외면하기가 일쑤다. 멀리 떨어져 있다는 이유로 합리화하기도 한다. 비록 가까이 있는 친척들도 마음이 멀어지면 가까운 이웃보다 더 못한 경우가 많다.

한국 입양아 출신으로 미국 공군 사관 생도가 된 김성덕 군이 백혈병으로 시한부 인생을 살고 있을 때, 그 소식을 접한 이웃들이 보여 준 관심과 사랑은 참으로 감동적이었다.

예수님도 마태복음 10장 36절에서 "사람의 원수가 자기 집안 식구리라"라고 말씀하신 적이 있다. 오히려 선한 사마리아인 같은 가까운 이웃이 필요한 도움을 주는 경우가 많다.

안전하게 살아가는 길

不照覆盆之下 부조복분지하

不(아닐 부) / 照(비출 조) / 覆(엎을 복) / 盆(동이 분) / 之(의 지) / 下(아래 하)

강태공이 한 말이다. 엎어놓은 동이의 밑은 비추지 못한다는 뜻이다. 아무리 해와 달이 밝다고 해도 엎어놓은 동이의 밑을 비출 도리는 없다. 이 문구는 문맥상 다음 구절들을 강조해 주는 말로 쓰이고 있다.

먼저 '도인수쾌불참무죄지인(刀刃雖快不斬無罪之人)'이라고 했다. 비록 칼이 잘 든다고 해도 죄 없는 사람은 베지 못한다는 뜻이다. 여기서 칼은 형벌용 칼을 의미한다. 아무리 법의 칼, 검찰의 칼이 날카롭다 해도 죄 없는 사람에게는 그 칼의 효용은 없는 것과 같다.

한국 정치사를 돌아보면 그 칼이 정략적으로 잘못 이용되어 온 것을 보게 되는데, 당장은 그 칼이 위력을 발휘한 듯이 보여도 결국에는 역사의 심판을 통해 죄 없는 사람은 무죄로 판명되고 만다.

그다음 문구는 '비재횡화불입신가지문(非災橫禍不入愼家之門)'이다. 어떤 재앙도 조심하는 사람의 집 문으로는 들어오지 못한다는 뜻이다. 이런 문구들을 연결시켜 볼 때 아무리 법이 무섭고 엄해도 죄짓지 않도록 조심만 하면 해와 달도 상하게 할 수 없고 엎어놓은 동이의 밑처럼 안전하다는 것이다.

로마서 13장 3절에서도 "다스리는 자들은 선한 일에 대하여 두려움이 되지 않고 악한 일에 대하여 되나니"라고 했다. 죄를 짓지 않고 선을 행할 경우, 다스리는 권세자의 칼이 아무리 날카롭더라도 전혀 두렵지 않을 것이다.

뭐니뭐니 해도 기술을 지녀야

薄藝隨身 박예수신

薄(엷을 박) / 藝(재주 예) / 隨(따를 수) / 身(몸 신)

'예(藝)' 자는 원래 사람이 땅에 무릎을 꿇고 앉아 정성스럽게 어린나무를 받쳐 들고 심는 형용에서 나온 글자다. 글자를 자세히 뜯어 보면 사람이 꿇어앉은 모습이 보이고 '흙 토(土)'도 보인다. 옛날의 기술이야 농사짓는 기술이 제일이었고, 그것만 있으면 그럭저럭 먹고살았기 때문에 '예(藝)'가 기술, 재주라는 의미로 발전한 것은 자연스러운 현상이다. 아직도 원예(園藝)라는 단어 같은 데 원래의 뜻이 그대로 남아 있기는 하지만 대부분 '기술, 재주'라는 뜻으로 쓰인다.

따라서 '박예(薄藝)'는 그렇게 엄청난 기술은 아니지만 살아가는 데 요긴한 기술을 의미한다. 박예가 몸을 따른다는 말은, 작지만 중요한 기술을 일생 활용하여 생계를 꾸려 간다는 말이다.

강태공은 말하기를, 이러한 '박예수신(薄藝隨身)'이 '양전만경(良田萬頃)', 좋은 밭만 이랑을 지니고 있는 것보다 낫다고 했다. 말하자면 엄청난 부동산을 지니고 있는 것보다, 작지만 소중한 기술을 지니고 있는 것이 더욱 낫다는 뜻이다.

부동산은 잘못 관리한다든지, 천재지변이 일어난다든지, 허랑방탕한 생활을 한다든지 하면 언제 날아갔는지도 모르게 사라져 버리지만, 박예는 늘 남아 있어 유용하게 쓰이는 법이다. 박예가 있는 한, 적어도 먹고사는 문제로 걱정할 필요는 없다. 요즘 전문기술직에 관심이 쏠리는 이유가 여기에 있다 할 것이다.

유대인들은 자녀 교육을 시킬 때 어디서든 먹고살 수 있는 기술 한 가지, '박예'를 익히도록 해왔다. 바울이 복음을 전하면서 교인들에게 부담을 주지 않으려고 스스로 천막 만드는 일을 하여 생활비를 벌었는데 천막 제작이 어릴 적부터 익힌 '박예'였다. "생업이 같으므로 함께 살며 일을 하니 그 생업은 천막을 만드는 것이더라"(행 18:3).

남에게 대접받고자 하는 대로

行有不得反求諸己 행유부득반구제기

行(행할 행) / 有(있을 유) / 不(아닐 불) / 得(얻을 득) / 反(돌이킬 반) / 求(구할 구) / 諸(모든 제) / 己(자기 기)

行 有 不 得 反 求 諸 己

'기(己)' 자는 만물이 그 몸을 안쪽으로 굽혀 쭈그리는 형상을 본떠서 만든 글자이다. 원래는 중앙을 가리키는 방위 개념으로 쓰였는데, 거기서 발전하여 만물의 중심이라 할 수 있는 '자기' 라는 뜻으로 쓰이게 되었다.

'기'는 카를 융(Carl Jung)이 분석심리학에서 말한 마음의 가장 깊숙한 중심인 '셀프(Self)' 개념과 통한다. 그리고 '기' 자는 자기 내면을 성찰하기 위해 무릎을 꿇고 기도하고 있는 형용을 닮았다.

《성리서(性理書)》에서는 '접물지요(接物之要)', 사물을 접하는 가장 중요한 태도, 즉 중요한 인생 지침으로서 다음의 두 가지를 들고 있다.

첫째는 '기소불욕물시어인(己所不欲勿施於人)'이다. 내가 원치 않는 것을 남에게 베풀지 말라는 뜻이다. 나는 멸시당하기를 원치 않으면서 남을 멸시한다든지, 나는 판단받기를 원치 않으면서 남을 판단한다든지 하지 말라는 것이다.

이것을 좀 더 적극적으로 표현하면, "남에게 대접을 받고자 하는 대로 너희도 남을 대접하라"(마 7:12)는 예수의 황금률이 된다.

둘째는 '행유부득반구제기(行有不得反求諸己)'이다. 일이 뜻대로 되지 않거든 돌이켜 자기를 살펴 그 원인을 찾으라는 의미이다. 우리는 일이 잘못된 탓을 남에게 돌리는 본성이 있다. 이것 역시 내가 원치 않는 것을 남에게 베푸는 태도이다.

10장

말에 관하여

한마디 말도 조심스럽게

一言不中千語無用 일언부중천어무용

一(한 일) / 言(말씀 언) / 不(아닐 부) / 中(맞을 중) / 千(천 천) / 語(말씀 어) / 無(없을 무) / 用(쓸 용)

一 言 不 中 千 語 無 用

말의 영향력에 대해서는 새삼 강조할 필요가 없을 정도로 동서고금에 걸쳐 무수한 현인들이 자주 언급했다. 《명심보감》에서는 아예 '언어편(言語篇)'이라 하여 말에 관한 교훈들을 한데 모아 두고 있다. 거기에 보면, 말이 잘못 쓰이면 무서운 흉기와 같이 사람을 해치게 된다는 것을 여러 번 깨우치고 있다.

흉기 중에서도 도끼를 비유로 든 구절들이 있다. '구설자멸신지부야(口舌者滅身之斧也)', 입과 혀는 사람의 몸을 멸하는 도끼라고 했다. 몸을 도끼로 찍으면 사람은 죽고 만다. 그와 같이 말 한마디가 사람을 크게 낙담시키거나 분노케 하여 사람을 죽음에 이르게도 한다.

‘구시상인부(口是傷人斧)’라고도 했는데, 입은 사람을 상하게 하는 도끼라는 뜻으로서, 앞의 구절보다는 강도가 약하지만 결국 같은 말이다.

칼을 비유로 든 구절들도 있다. ‘일어상인통여도할(一語傷人痛如刀割)’, 한마디 말이 사람을 해쳐 아프게 하기가 칼로 벤 것과도 같다고 했고, ‘언시할설도(言是割舌刀)’, 말은 혀를 베는 칼이라고 했다.

이렇게 한마디 말이 무서운 위력을 발휘하는데, 그 한마디 말이 이치에 맞지 않으면 천 마디 말을 해도 소용없다는 것이 ‘일언부중천어무용(一言不中千語無用)’의 뜻이다.

야고보서와 잠언 등에서도 말의 영향력을 여러 비유로 강조하고 있다. “칼로 찌름같이 함부로 말하는 자가 있거니와 지혜로운 자의 혀는 양약과 같으니라”(잠 12:18), “혀는 곧 불이요 불의의 세계라 혀는 우리 지체 중에서 온몸을 더럽히고 삶의 수레바퀴를 불사르나니 그 사르는 것이 지옥 불에서 나느니라”(약 3:6).

두 가지 마음을 품은 자를 경계해야

逢人且說三分話 봉인차설삼분화

逢(만날 봉) / 人(사람 인) / 且(또 차) / 說(말할 설) / 三(석 삼) / 分(나눌 분) / 話(말할 화)

逢 人 且 說 三 分 話

'또 차(且)'는 여기서 '가령'이라는 의미로 보는 것이 좋겠다. 이 구절은 사람을 만나 말을 하게 되는 경우 세 가지만 이야기하라는 뜻이다. '미가전포일편심(未可全抛一片心)', 마음에 있는 말을 다 쏟아 놓지 말라고도 했다. 왜 그렇게 해야 하는가? '공인정량양심(恐人情兩樣心)', 사람에게 두 가지 마음이 있는 것을 두려워하기 때문이다.

호랑이 입이 세 개가 있다고 해도 사람에게 두 가지 마음이 있다는 사실보다는 두렵지 않다. 호랑이에게 입이 하나밖에 없는데도 호랑이가 무섭기 짝이 없는데, 입이 세 개가 있다고 상상해 보라. 얼마나 무서운 일인가! 그것도 사람이 두 가지 마음을 가지고 있는 것보다는 무섭지 않다니 두 가지 마음의 간교함과 사악함이 어느 정도인지 헤아려 알 만하다.

그렇게 두 가지 마음을 가지고 있는 사람에게 자기 속에 있는 말을 다 털어놓으면, 상대방이 그 말을 가지고서 어떤 짓을 하게 될지 정말 두려운 일이 아닐 수 없다. 그 말을 들을 당시는 세상에 둘도 없이 서로 친밀한 척하지만, 막상 돌아서고 나면 어떤 결과가 돌아올지 모르는 일이다.

물론 '봉인차설삼분화(逢人且說三分話)'는 세상 사람들을 다 경계하라는 말이 아니다. 그러나 대부분 상대방이 어떤 마음을 품고 있는지 잘 알 수 없으므로 속에 있는 말을 아끼고 꼭 필요한 말만 하는 신중함이 필요하다. 잠언 10장 19절에서도 말을 아끼라고 권면하고 있다. "말이 많으면 허물을 면하기 어려우나 그 입술을 제어하는 자는 지혜가 있느니라."

말 한마디도 많게 느껴져서야

語不投機一句多 어불투기일구다

語(말씀 어) / 不(아닐 불) / 投(던질 투) / 機(기회 기) / 一(한 일) / 句(구절 구) / 多(많을 다)

語 不 投 機 一 句 多

흔히 '투기(投機)'는 기회를 엿보아 이익을 얻기 위해 취하는 행위를 뜻한다. 투기를 하려면 모든 상황이 맞아떨어져야 한다. '어불투기일구다(語不投機一句多)'의 '투기'는 서로 마음이 맞는 것을 의미한다. 마음이 맞지 않으면 말은 한마디도 많다는 뜻이다.

서로 마음이 맞는 사람들끼리 만나면 아무리 말을 많이 해도 지루한 줄 모른다. 몇 시간이 언제 흘렀는지 모르고 밤을 꼬박 새우기도 한다. 거기에 술까지 곁들이면 그 많은 잔을 언제 비웠는지도 모른다. 그야말로 '주봉지기천종소(酒逢知己千鍾少)', 친한 벗을 만나면 천 잔의 술도 오히려 적게 여겨지는 법이다.

그러나 마음이 맞지 않는 사람을 만나 이야기를 하면, 한 마디 한마디 하는 것이 그렇게 힘들 수 없다. 자꾸 시계를 들여다보게 되고 1분이 한 시간처럼 길게 느껴지기도 한다. 대화는 겉으로만 돌고 빨리 일어나고 싶은 생각밖에 없게 된다.

처음에는 서로 마음이 맞아 시간 가는 줄 모르고 이야기를 나누던 사람들도 사이가 멀어지고 마음이 맞지 않게 되면 말이 없어진다. 부부가 이혼하게 되는 과정을 보아도 차츰 말이 적어지다가 별거로 들어가고 마침내 결별한다.

말을 나누고 싶어지려면 우선 서로 마음이 맞는 '투기'를 이루도록 해야 한다. 바울도 이 점을 강조했다. "마음을 같이하여 같은 사랑을 가지고 뜻을 합하며 한 마음을 품어"(빌 2:2).

따뜻한 말이 그리운 세상

利人之言煖如綿絮 이인지언난여면서

利(이로울 이) / 人(사람 인) / 之(의 지) / 言(말씀 언) / 煖(따뜻할 난) / 如(같을 여) / 綿(솜 면) / 絮(솜 서)

利 人 之 言 煖 如 綿 絮

'이(利)'는 '벼 화(禾)'와 '칼 도(刀)'가 합해진 글자로서, 원래는 벼를 베는 칼이라는 뜻이었다. 벼를 베는 칼은 날카로워야 하므로 '이(利)'는 날카롭다는 뜻을 가지게 되고, 그 칼은 사람들에게 이로움을 가져오므로 이롭다는 뜻을 가지게도 되었다. '이인지언난여면서(利人之言煖如綿絮)'는 사람을 이롭게 하는 말은 그 따뜻하기가 솜과 같다는 뜻이다.

요즘은 솜이불이나 솜옷이 잘 보이지 않지만, 이전에 그 이불을 덮고 그 옷을 입어 본 사람은 따뜻함이 어떠한지 생생하게 기억하고 있다. 홍대 앞 어느 낡은 기와집에서 수십 년째 솜이불을 주문받아 만들고 있는 할머니가 계시다고 하여 화제가 된

적이 있다. 솜이불의 따뜻함과 포근함을 잊지 못하는 사람들이 지금도 있다.

사람을 이롭게 하는 말은 그야말로 이 삭막하고 추운 세상에서 사람을 솜과 같이 따뜻하게 해 준다. 나무나 꽃도 사람이 자꾸만 사랑스러운 말을 건네면서 키우면 더욱 싱싱하게 자란다. 학창 시절 담임선생님의 따뜻한 한마디 격려가 한 학생의 장래를 일으켜 세운 일화들은 우리가 종종 듣고 보는 바이다.

부모와 자식, 친구, 동료, 부부간에도 솜같이 따뜻한 말 한마디가 그리운 세상이다. 시험에 낙방한 학생에게 인생에 도움을 주고 이롭게 하는 말 한마디를 누가 해 준다면, 그 학생은 평생 그 따뜻함을 잊지 못할 것이다. "온순한 혀는 곧 생명 나무이지만 패역한 혀는 마음을 상하게 하느니라"(잠 15:4), "선한 말은 꿀송이 같아서 마음에 달고 뼈에 양약이 되느니라"(잠 16:24).

11장

•

친구의 사귐에 관하여

안개가 스며들 듯이

雖不濕衣時時有潤 수불습의시시유윤

雖(비록 수) / 不(아닐 불) / 濕(축축할 습) / 衣(옷 의) / 時(때 시) / 時(때 시) / 有(있을 유) / 潤(젖을 윤)

雖 不 濕 衣 時 時 有 潤

'습(濕)'과 '윤(潤)'은 둘 다 젖는다는 뜻을 가지고 있지만, 젖는 정도에 차이가 있다. '습(濕)'은 축축히 젖는 것이라면 '윤(潤)'은 촉촉히 젖는 것이라고 할까. 그 차이를 살려 '수불습의시시유윤(雖不濕衣時時有潤)'을 번역하면 다음과 같다. "비록 옷이 축축하게 젖지 않는다 하더라도, 때때로 물기가 촉촉히 배어든다."

이는 시적인 분위기를 담고 있는 구절로서, 안개 속을 지나가는 상황을 묘사하고 있다. 안개라는 말이 여기서 나오는 이유는 무엇인가? '여호학인동행(與好學人同行)', 학문을 좋아하는 사람과 함께 가는 일은 '여무중행(如霧中行)', 안개 속을 가는 것과 같다고 했다. 안개가 비처럼 옷을 흠뻑 적시지는 않지만, 알지 못하는 사이에 물기가 스며들지 않는가. 그처럼 학문을 좋아하는 사람 옆에만 있어도 학문의 영향력이 안개처럼 피어올라 어느새 우리를 촉촉하게 적셔 준다는 말이다.

일생 학문을 닦은 학자의 서재에만 잠시 들어가 있어도 그와 같은 안개를 느끼게 된다. 안개를 연구하는 어느 학자가 실험을 해 본 결과, 일곱 블록에 걸쳐 퍼져 있는 안개를 다 모아 다시 물로 바꾸면 한 컵 정도의 물이 된다고 했다. 이와 같이 한 사람이 이루어 놓은 학문 그 자체는 한 컵 정도의 물에 불과하더라도 영향력은 안개처럼 멀리까지 퍼져 나가는 법이다.

바울은 여러 제자들을 가르쳐 주의 일꾼들로 세웠다. 스승의 마음보다 더 깊은 아비의 마음으로 해산하는 고통을 통해 그들을 낳았다. "그리스도 안에서 일만 스승이 있으되 아버지는 많지 아니하니 그리스도 예수 안에서 내가 복음으로써 너희를 낳았음이라"(고전 4:15).

바울의 영향력은 비처럼 안개처럼 제자들을 촉촉하게 적셨다. 바울이 제자들에게 담대하게 자신을 본받으라고 한 것을 볼 때, 바울의 영향력이 얼마나 강력했던가를 알 수 있다. "형제들아 너희는 함께 나를 본받으라 그리고 너희가 우리를 본받은 것처럼 그와 같이 행하는 자들을 눈여겨보라"(빌 3:17).

공자가 안자를 칭찬한 이유

善與人交久而敬之 선여인교구이경지

善(착할 선) / 與(에서 여) / 人(사람 인) / 交(사귈 교) / 久(오랠 구) / 而(말 이을 이) / 敬(공경할 경) / 之(이 지)

善 與 人 交 久 而 敬 之

이 구절은 사람 사귀기를 잘하므로 오래도록 공경한다는 뜻이다. 공자가 안자(晏子)를 두고 칭찬한 말이다. 안자는 춘추 시대 제(齊) 나라 재상으로 경공(景公)이라고 하는 군주를 섬겼다. 경공이 워낙 모자란 인물이라 그 군주를 바로 세우느라고 안자는 무진 고생했다.

《안자》라는 책은 비뚜로 나가는 경공을 안자가 어떠한 말로 간언하여 바르게 이끌었나 하는 기록이라 해도 과언이 아니다. 간언학(諫言學)이라는 학문이 있다면 《안자》야말로 그 분야에서 가장 뛰어난 교과서가 될 것이다.

어진 인물을 구하는 길에 관하여 묻는 경공에게 안자가 세 가지 종류의 선비에 관해 조언한 말이 유명하다. 그는 "가장 훌륭한 선비는 벼슬길에 나아가는 것을 어렵게 여기고 물러나는 것은 쉽게 여기며, 그다음 보통 선비는 벼슬길에 나아가는 것도 쉽게 여기고 물러나는 것도 쉽게 여기며, 최하등 선비는 벼슬길에 나아가는 것은 쉽게 여기고 물러나는 것은 어렵게 여긴다"라고 했다.

이와 같이 안자는 사람을 분별하는 지혜를 가지고 사람들을 사귀는 데 있어 모범을 보였다. 뭐니 뭐니 해도 세상에서 사람 사귀는 일이 가장 어렵다고 할 수 있다. 이런 문제에 대한 지혜를 얻으려면 공자가 칭찬해 마지 않은 안자의 언행이 기록된 《안자》라는 책을 읽어 볼 일이다.

누가복음 16장 8절을 보면, 예수님은 이 세대의 사람들이 빛의 아들들보다 친구를 사귀는 데 더 지혜롭다고 하시면서 불의의 재물로 친구를 사귀라고 하셨다. 친구를 사귀는 지혜를 이 세대의 아들들에게서도 배우라는 말씀이다.

친구 사귀기를 잘하여 안자처럼 공경받는 자가 되도록 마음을 써야 할 것이다.

진실한 친구 한 사람만 있어도

急難之朋一個無 급난지붕일개무

急(급할 급) / 難(어려울 난) / 之(의 지) / 朋(벗 붕) / 一(한 일) / 個(낱 개) / 無(없을 무)

위급하고 어려운 때의 친구는 한 사람도 없다는 뜻이다. 영어 속담에도 가장 필요한 때의 친구가 참다운 친구라는 말이 있다. 하지만 그런 친구 한 사람 얻기가 쉬운 일은 아니다.

이 문구 바로 앞에는 '주식형제천개유(酒食兄弟千個有)'라는 구절이 있다. 술을 마실 때는 형제처럼 친한 친구들이 천 명은 있다는 말이다. 그저 함께 어울려서 술을 마시며 세상 쾌락을 즐기는 친구들은 많으나, 정말 어려울 때 속마음을 나누며 위로하고 격려해 줄 수 있는 친구는 드문 편이다.

그래서 '상식만천하 지심능기인(相識滿天下 知心能幾人)'이라고 했다. 얼굴을 아는 사람은 세상에 가득하지만, 마음을 아는 사람은 몇이나 있냐는 뜻이다. 참으로 안타까운 탄식이라 아니할 수 없다.

한때 인기 가수들이 연이어 자살하거나 약물중독으로 죽거나 갑자기 은퇴를 하기도 했다. 그들의 인기로 인하여 그들의 얼굴을 아는 사람들은 천하에 가득했지만, 그들의 마음을 아는 사람들은 과연 몇 명이나 되었는지…. 그들에게는 벌 떼 같은 팬들이 필요했던 것이 아니라 진실한 친구 한 사람이 필요했던 것이다.

"많은 친구를 얻는 자는 해를 당하게 되거니와 어떤 친구는 형제보다 친밀하니라"(잠 18:24). 형제보다 친밀한 친구는 위급한 때에도 "사랑이 끊어지지 않는다"(잠 17:17).

단술 같은 사귐보다는

君子之交淡如水 군자지교담여수

君(어진이 군) / 子(존칭 자) / 之(의 지) / 交(사귈 교) / 淡(담박할 담) / 如(같은 여) / 水(물 수)

君 子 之 交 淡 如 水

군자의 사귐은 담박하기가 물과 같다는 말이다. 담박하다는 말은 '욕심이 없고 마음이 깨끗하다', '맛이나 빛이 산뜻하다'라는 뜻이다. 말하자면, 겉치레나 꾸밈이 없이 소박하고 맑다는 의미이다. 군자는 사람을 사귈 때 얼핏 보면 정이 없는 것처럼 무덤덤한 태도로 대한다. 하지만 속은 깊고 자상하여 그 사귐이 오래 간다. 무엇보다 이해관계에 따라 좌우되지 않고 투명하고 맑다.

그러나 '소인지교감약예(小人之交甘若醴)', 소인들의 사귐은 달콤하기가 단술과 같다. 처음 사귈 때부터 요란하고 간이라도 내어 줄 정도로 정다운 말들이 오간다. 세상에 둘도 없는 친구나

애인인 것처럼 서로를 칭찬하기에 여념이 없다. 정말 단술과도 같이 달콤하기가 그지없다. 한동안은 꿈 같은 시간이 흐른다. 하지만 단술이 오래되면 부패하듯이, 그런 사귐은 얼마 가지 못하여 변질되고 이기적인 동기가 드러나고 만다.

'소인지교'와 같은 사귐을 갖는 자들은 겉으로 무척 친절하고 사근사근하나 속마음은 좀체 내비치지 않는다. 그러다가 이해관계가 뒤틀리면 사귐도 끝나고 만다. 그런 소인지교에 속아 넘어가지 않도록 주의할 필요가 있다. 도리어 물같이 담박한 '군자지교'와 같은 사귐을 갖도록 노력해야 할 것이다.

예수님은 제자들을 '친구'라고 불렀는데, 군자지교와 같은 맑고 깊은 사귐을 제자들과 나눈 셈이다. "이제부터는 너희를 종이라 하지 아니하리니 종은 주인이 하는 것을 알지 못함이라 너희를 친구라 하였노니 내가 내 아버지께 들은 것을 다 너희에게 알게 하였음이라"(요 15:15).

좀 더 사귀어 보고 나서

日久見人心 일구견인심

日(날 일) / 久(오랠 구) / 見(볼 견) / 人(사람 인) / 心(마음 심)

날이 오래되어야만 사람의 마음을 알 수 있다는 말이다. 이 구절 앞에 '노요지마력(路遙知馬力)'이라는 구절이 있다. '요(遙)'는 '멀 요'이므로 길이 멀어야만 말의 힘을 알 수 있다는 뜻이다. 말이 달리는 거리가 짧으면 말이 어느 정도 힘이 있는지 잘 알 수가 없다. 먼 거리를 달려 봐야 말의 잠재적인 힘을 알아볼 수 있다. 그와 마찬가지로 사람의 마음도 하루 이틀 짧은 기간 사귀어 가지고는 잘 알 수가 없다.

《명심보감》에 보면 사람 마음을 아는 것이 얼마나 어려운가에 대해 언급하는 문구들이 군데군데 나와 있다. 《풍간(諷諫)》이라는 책에서 인용한 구절을 보면, 물속 깊이 있는 고기는 낚시로 낚을 수 있고 하늘 높이 날고 있는 기러기는 화살을 쏘아 잡을 수 있지만, '지척심불가료(咫尺心不可料)', 바로 지척에 있는 사람의 마음은 그 어떤 것으로도 헤아릴 수 없다고 했다.

이렇게 헤아리기 어려운 것이 사람의 마음일진대 어떻게 짧은 기간에 그 마음을 알 수 있겠는가. 오래 사귀어 봐야 어느 정도 상대방의 마음을 알게 되고 그 진면목을 파악할 수 있다.

요즘 결혼한 지 몇 년 되지 아니하여 이혼하는 사례가 늘고 있는 추세이다. '일구견인심(日久見人心)'이라는 문구에 비추어 볼 때, 좀 더 인내심을 가지고 살아 본 연후에 이혼에 대한 판단을 내리는 것이 좋지 않겠는가.

인간관계도 포도주처럼 오래 묵어야 깊어지는 법이다. "묵은 포도주를 마시고 새것을 원하는 자가 없나니 이는 묵은 것이 좋다 함이니라"(눅 5:39).

12장

•

다스림에 관하여

거꾸로 되어도 한참 거꾸로 된 세상

待親暗待兒明 대친암대아명

待(대접할 대) / 親(어버이 친) / 暗(어두울 암) / 待(대접할 대) / 兒(아이 아) / 明(밝을 명)

待 親 暗 待 兒 明

어버이를 대하는 데는 어둡고 아이들을 대하는 데는 밝다는 뜻이다. 이 문구는 《명심보감》 '팔반가편(八反歌篇)'에 나오는 여덟 노래의 주제를 한마디로 요약한 구절이다.

〈세상은 요지경〉이라는 노래가 있듯이, 팔반가는 세상 풍조가 거꾸로 되어 있는 상황을 풍자한 노래이다. 무엇이 거꾸로 되어 있는가? 부모와 아이들을 대하는 태도가 거꾸로 되어 있다. 거기에 대한 증거들을 하나씩 들고 있는 것이 팔반가이다.

그 예들을 몇 가지만 들어보면 다음과 같다. 아이들이 여러 말하는 것은 싫어하지 않으면서 부모가 한마디 하면 참견이 심하다면서 싫어한다. 아이들의 똥오줌은 싫어하지 않고 잘 받아내면서 부모가 늙어 침을 흘리고 치매 현상을 보이면 못 볼 것을 본 것처럼 싫어한다.

시장의 약국에 가 보면 비아환(肥兒丸)이라 하여 아이들 살찌게 하는 약은 있어도 부모의 몸을 튼튼하게 하는 약은 찾아볼 수 없다.

열 아이가 있어도 혼자 맡아 기르면서 부모를 봉양하는 데는 형제들이 서로 미룬다. 부모의 은혜를 잊고 효도하지 않으면서 아이들이 자기에게 조금이라도 효도하면 생색을 내며 자식 자랑을 한다. 이런 거꾸로 된 풍조를 한마디로 '대친암대아명(待親暗待兒明)'이라고 할 수 있지 않겠는가.

성경은 부모에 대한 효도를 십계명 항목으로, 절실한 권면으로 강조하고 있다. "네 부모를 공경하라 그리하면 네 하나님 여호와가 네게 준 땅에서 네 생명이 길리라"(출 20:12), "너를 낳은 아비에게 청종하고 네 늙은 어미를 경히 여기지 말지니라"(잠 23:22), "만일 어떤 과부에게 자녀나 손자들이 있거든 그들로 먼저 자기 집에서 효를 행하여 부모에게 보답하기를 배우게 하라 이것이 하나님 앞에 받으실 만한 것이니라"(딤전 5:4).

과연 부부가 무엇인지

夫婦爲衣服 부부위의복

盜(지아비 부) / 者(아내 부) / 憎(할 위) / 其(옷 의) / 照(鑑(옷 복)

夫 婦 爲 衣 服

대개 시집이나 장가를 가고 나면 친형제 간의 사이가 멀어지게 되는 경우가 많다. '부부위의복(夫婦爲衣服)', 부부는 의복과 같다는 이 문구는 형제 사이가 멀어지는 사람들을 깨우치기 위해 장자(莊子)가 한 말이다. 이 문구 바로 앞에 '형제위수족(兄弟爲手足)'이라는 구절이 있다. 형제는 손발과 같다는 말이다. '의복파시갱득신(衣服破時更得新)', 의복이 떨어졌을 때는 새것으로 갈아입을 수 있으나, '수족단처난가속(手足斷處難可續)', 손발이 끊어진 부위는 잇기가 어렵다고 했다. 부부 관계보다 형제간의 우애가 더 소중하다는 말인 듯하나, 장자가 의도한 속뜻은 부부 관계만 중요한 것이 아니라 형제간의 우애도 그 못지않게 중요하다는 것이다.

가인과 아벨을 비롯하여 유대와 이스라엘 왕국 왕자들 간의 쟁투와 살인을 보면 형제들의 우애가 무색해진다. "압살롬이 왕의 모든 아들들을 죽이고 하나도 남기지 아니하였다는 소문이 다윗에게 이르매"(삼하 13:30). 또한 요즘은 장자가 말하려고 했던 의도와는 다르게, '부부위의복'이라는 문구가 문자 그대로 적용되고 있는 느낌이다. 장자의 '의복파시갱득신'이라는 말은 남편이나 아내가 죽어 사별하는 경우를 두고 하는 말이었다. 하지만 의복이 아직도 새것임에도 다른 새것으로 갈아입으려는 사람들이 많다. 춘추복 갈아입듯이 이혼하고, 이혼하는 과정에서 위자료 문제로 여러 가지 불미스러운 일들이 벌어지기도 한다. 형제 관계, 부부 관계라는 것이 과연 무엇인지 새삼 되돌아보지 않을 수 없다. 사회 구성원들이 다함께 진지하게 고민하며 파괴되어 가는 형제 관계와 부부 관계를 회복해 나가야겠다.

시편 133편 1절은 형제 관계의 아름다움을 노래하고 있다. "보라 형제가 연합하여 동거함이 어찌 그리 선하고 아름다운고." 고린도전서 7장 3–4절은 남편과 아내의 관계에 대해 권면하고 있다. "남편은 그 아내에 대한 의무를 다하고 아내도 그 남편에게 그렇게 할지라 아내는 자기 몸을 주장하지 못하고 오직 그 남편이 하며 남편도 그와 같이 자기 몸을 주장하지 못하고 오직 그 아내가 하나니."

집안의 작은 자 한 사람에게도

凡使奴僕先念飢寒 범사노복선념기한

凡(무릇 범) / 使(하여금 사) / 奴(종 노) / 僕(종 복) / 先(먼저 선) / 念(생각할 념) / 飢(주릴 기) / 寒(찰 한)

凡 使 奴 僕 先 念 飢 寒

무릇 노복들을 부림에 있어, 먼저 그들의 배고프고 추운 것을 생각하라는 말이다. 《명심보감》 '치가편(治家篇)'에 나오는 문구이다. '치가편'은 말 그대로 집안을 다스리는 원칙들에 관한 교훈들을 모아 놓은 대목이다. 그 내용을 간단히 살펴보면 다음과 같다.

> 손아랫사람들은 일의 대소에 관계없이 집안 어른께 여쭈어보고서 그 일을 해야 하며, 살림살이는 검소하게 하되 손님 접대는 풍성하게 해야 한다.
> 어리석은 사람은 아내를 두려워하나, 어진 여자는 남편을 공경한다.

아들이 효도하면 두 어버이가 즐겁고, 집안이 화목하면 만사가 잘 이루어진다.
때때로 불이 나는 것을 막고, 밤마다 도적이 드는 것을 방비해야 한다.
아침밥과 저녁밥의 이르고 늦음을 보아 그 집의 흥망을 점칠 수 있다.
혼인에 재물을 논하는 것은 오랑캐 짓이다.

이렇게 집안을 잘 다스리는 원칙들을 열거하는 중에 '범사노복선념기한(凡使奴僕先念飢寒)' 문구가 들어 있는데, 주인으로서 노복들을 부리는 기본적인 마음 자세가 어떠해야 함을 말해 준다. 무엇보다 주인은 노복들 위에 군림하려고 하지 말고 긍휼히 여기는 마음을 가져야 한다. 그들의 형편이 어떠한지 잘 살피고 그들의 심정까지 헤아리면서 그들을 부려야 한다. 노복들을 착취하려는 경향이 많았던 그 시대에 이런 교훈이 '치가편'에 있다는 것은 의미심장하다.

에베소서 6장 9절도 이러한 주인의 도리를 강조하고 있다. "상전들아 너희도 그들에게 이와 같이 하고 위협을 그치라 이는 그들과 너희의 상전이 하늘에 계시고 그에게는 사람을 외모로 취하는 일이 없는 줄 너희가 앎이라."

감히 하늘을 속일 수야

下民易虐上蒼難欺 하민이학상창난기

下(아래 하) / 民(백성 민) / 易(쉬울 이) / 虐(학대할 학) / 上(위 상) / 蒼(푸른 빛 창) / 難(어려울 난) / 欺(속일 기)

下 民 易 虐 上 蒼 難 欺

아래로 백성들을 학대하기는 쉬우나 위로 하늘을 속이기는 어렵다는 뜻이다. '정관(貞觀)의 치(治)'로 유명한 당태종(唐太宗)이 벼슬아치를 경계하면서 하는 말들 중에 나오는 문구이다.

벼슬아치들을 향하여 태종은 '이봉이록민고민지(爾俸爾祿民膏民脂)'라고 했다. 너희들이 받는 봉록은 백성의 기름이라는 뜻이다. 참깨에서 기름을 내려면 참깨를 누를 대로 눌러 짜야 한다. 백성의 기름이라는 말은 백성이 쥐어짜이듯 고생하여 벌어서 세금으로 바친 돈이라는 의미이다.

백성이 바친 비단으로 옷을 지어 입고 백성이 바친 곡물로 밥을 지어 먹는 것이 바로 벼슬아치이다. 백성이 그렇게 고생하여 바친 것을 생각하면 벼슬아치가 사치할 수 없고 자리나 지키며 빈둥거리고 있을 수 없다.

그러나 현실은 그렇지 않다. 무사안일에 빠지거나 직위를 이용하여 이권을 챙기기에 급급하거나 직분에 충실하지 않는 벼슬아치는 백성의 고생을 외면하는 것이므로 백성을 학대하는 것이나 다름없다.

어떤 모양으로든지 백성을 학대하기는 쉬우나 하늘을 속이기는 어렵다. 언젠가는 백성을 학대한 사실이 만천하에 드러나 심판을 받기 마련이다.

이사야 1장 17절은 벼슬아치가 마땅히 해야 할 일을 지적하고 있다. "선행을 배우며 정의를 구하며 학대받는 자를 도와주며 고아를 위하여 신원하며 과부를 위하여 변호하라." 잠언 31장 5절은 벼슬아치는 무엇보다 술을 절제할 것을 경고했다. "술을 마시다가 법을 잊어버리고 모든 곤고한 자들의 송사를 굽게 할까 두려우니라."

공직자가 화를 내어서야

若先暴怒只能自害 약선폭노지능자해

若(만약 약) / 先(먼저 선) / 暴(사나울 폭) / 怒(성낼 노) / 只(다만 지) / 能(능할 능) / 自(스스로 자) / 害(해칠 해)

若 先 暴 怒 只 能 自 害

만약 심하게 성내기부터 하면 다만 자기를 해롭게 할 따름이라는 뜻이다. 이 말은 벼슬아치에게 주는 교훈 중 하나이다. 벼슬아치는 자기 직책을 수행함에 있어 여러 가지로 언짢은 일을 만나게 된다. 아랫사람이 일을 잘못 처리하여 골탕을 먹기도 하고, 일반 백성이 잘 따라 주지 않고 교묘하게 법을 어기기도 한다.

화를 낼 수밖에 없는 일을 당할수록 그 일을 차분히 처리하는 습관을 기르는 것이 중요하다. 그 일이 사적인 일이 아니라 공적인 일이기에 더욱 그러해야 한다.

물론 사적인 일을 처리함에 있어서도 화부터 내어서는 결코 되는 일이 없다. 일이 해결되기는커녕 자기 몸만 해할 뿐이다. 마음에 화가 날 때 그 화가 몸의 신경과 혈액 순환에 미치는 악영향은 보통 생각하는 것보다 심각하다.

마음의 화를 말로 표현해 버리면 시원할 것 같으나, 오히려 그 반대로 더욱 해로움을 가져오는 경우가 많다. 말이 되어 나오기 전에 마음에서 화를 삭이는 것이 훨씬 건강에 이롭다. 사람은 화를 한번 잘못 내고 죽을 수도 있는 법이다. 더 나아가서 화가 잔뜩 묻은 독설은 상대방을 죽일 수도 있다.

예수님은 화를 내어 욕설을 퍼붓는 행위를 살인하지 말라는 계명과 연결시키기까지 했다. "옛사람에게 말한 바 살인하지 말라 누구든지 살인하면 심판을 받게 되리라 하였다는 것을 너희가 들었으나 나는 너희에게 이르노니 형제에게 노하는 자마다 심판을 받게 되고 형제를 대하여 라가라 하는 자는 공회에 잡혀가게 되고 미련한 놈이라 하는 자는 지옥 불에 들어가게 되리라"(마 5:21-22).

죄가 커지기 전에

罪大而不可解 죄대이불가해

罪(허물 죄) / 大(클 대) / 而(말 이을 이) / 不(아닐 불) / 可(가히 가) / 解(풀 해)

罪 大 而 不 可 解

죄가 크면 해결하지 못한다는 말이다. 죄(罪)라는 글자는 '그물 망(罒)'과 '아닐 비(非)'가 합해진 글자이다. 잘못을 저지른 자가 그물에 걸려 있는 형용이다. 죄(罪)는 어떻게 보면 발이 여섯 개 달린 벌레처럼 보이기도 한다. 죄는 결코 가볍게 여길 일이 아니다. 죄는 정말 벌레처럼 영혼과 정신을 파고들어 갉아먹는다.

죄를 지을 적마다 그물코가 씨줄 날줄로 얽혀져 점점 습관이라는 그물을 형성하게 된다. 일단 습관의 그물 속으로 빠져들면 거기서 헤어 나오기란 여간 어려운 일이 아니다.

죄는 헬라어로 '하마르티아'라고 한다. '하마르티아'는 화살을 쏘았을 때 표적에 이르지 못하거나 표적에서 빗나간 상태를 가리킨다. 화살이 표적에서 멀리 떨어졌거나 가까이 떨어졌거나 하마르티아 상태이기는 마찬가지이다. '많이 죽었다, 적게 죽었다'를 구분할 수 없는 것과 같은 이치이다.

사람들은 소위 큰 악은 저지르지 않는다고 하더라도 '작은 악은 별로 해가 없겠지' 하고 장난처럼 저지른다. 그 작은 악들이 쌓이고 쌓이면 드디어 숨길 수 없는 지경에 이른다. '악적이불가엄(惡積而不可掩)'이 바로 그런 뜻이다.

죄가 쌓이면 언젠가는 세상에 드러나 수치를 당하게 된다. 야고보는 야고보서 1장 15절에서 죄가 커져 가는 과정을 촌철살인으로 표현했다. "욕심이 잉태한즉 죄를 낳고 죄가 장성한즉 사망을 낳느니라."

죄가 커지기 전에 속히 돌이켜야지, 커지고 난 후에 돌이키기는 여간 어려운 일이 아니다.